COLLINS
HANDY ROAD ATLAS
SCOTLAND

KEY TO MAP PAGES

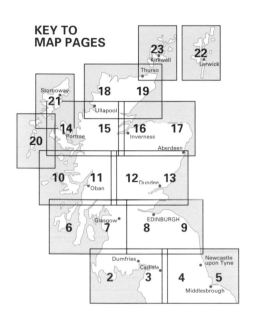

CONTENTS

2-23	Road Maps at 9 miles to 1 inch
24-25	Urban Area Maps at 4 miles to 1 inch
24	Aberdeen, Dundee,
25	Edinburgh, Glasgow
26-30	**Index to place names**
31-72	**Large scale Town Plans**
31	Key to Town Plan Pages
32-35	Aberdeen
36-37	Index to Aberdeen
38-39	Dundee
40-41	Index to Dundee
42-49	Edinburgh
50-55	Index to Edinburgh
56-65	Glasgow
66-72	Index to Glasgow

Collins
An Imprint of HarperCollins*Publishers*
77–85 Fulham Palace Road, Hammersmith, London W6 8JB

W9-BBY-853

ISBN 0 0044 8627 7   BNL   KC 9080

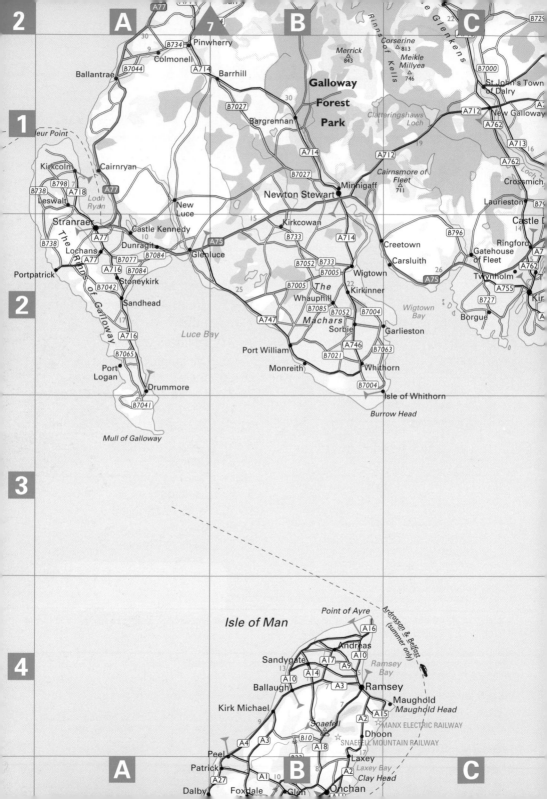

2

A **B** **C**

1

2

3

4

A77
7
B734 Pinwherry
30
9
Colmonell
Ballantrae B7044 B714 Barrhill
B7027 30
Bargrennan
B7027
B714
New Luce

Galloway Forest Park

Merrick △ 843
Corserine △ 813
Meikle Millyea △ 746
Clatteringshaws Loch
22
B7000
St John's Town of Dalry
A712
New Galloway
A762
A713
16
Crosemich.
Laurieston

leur Point
Kirkcolm
B798 7
B738 A718
Leswalt
Stranraer
A77
B738
Lochans
A77
B7042
Portpatrick
Sandhead
A716
B7065
Port Logan
Drummore
B7041
Mull of Galloway

Cairnryan
A77
Loch Ryan
New Luce
Castle Kennedy 10
Dunragit
B7077 B7084
A716 B7084
Stoneykirk
17
A716
The Rinns of Galloway
Luce Bay

Newton Stewart
Minnigaff
Cairnsmore of Fleet △ 711
15
Kirkcowan
B733
A714
B7052 B733
B7005
B7005
Wigtown
Kirkinner 22
The Whauphill
B7085 B7052
Sorbie
B7004
Garlieston
The Machars
A747
A746
Port William
B7021
Whithorn
Monreith
B7004
Isle of Whithorn
Burrow Head

Creetown
Carsluith
A75 26
B796
Gatehouse of Fleet
Ringford
A762
Twynholm
A755
B727
Borgue
Castle D
A7
Kir

Wigtown Bay

Glenluce
A75
25

Isle of Man
Point of Ayre
A16
Andreas A10
Sandygate A17
13 A14 A9
Ballaugh A10
A3
Kirk Michael 7
9
A4 A3
Peel
B10
Snaefell
Dhoon
Patrick A1 10
Dalby A27
Foxdale
Glen
Onchan

Ardrossan & Belfast (summer only)
Ramsey Bay
Ramsey
Maughold
Maughold Head
A15
A2
MANX ELECTRIC RAILWAY
☆ SNAEFELL MOUNTAIN RAILWAY
17
Laxey
8
Laxey Bay
Clay Head

A **B** **C**

A

14

B

Rum
(Rhum)
Kinloch

C

Aird of Sleat

Point of S

Askival
812

Sound of Rum

Rubha nam
Meirleach

Cleadale

Mor

A83

1

H
E
B
R
I
D
E
S

Eigg

An Sgurr
393

Galmisdale

Sound of Eigg

Loch

Sound of Aris

Eilean
nan Each

Eilean
Shona

Muck

Ockle

Ardtoe

B804

Achosnich

Acharac

Point of
Ardnamurchan

Ardnamurchan

B8007

Eilean Mor

Kilchoan

Ben Hiant
528

Glenbeg

B80

Sorisdale

B8072

Glenborrodale

Loch

2

Clabhach

Coll

B8071

Ardmore Point

12

Arinagour

Caliach
Point

Loch
Eatharna

Tobermory

B8073

Drimnin

Mo

B8070

Dervaig

Loch
Frisa

Loch
Arienas

Gunna

Crossapol
Bay

Calgary

Calgary Bay

Killundine

B849

Fiunar

Hough Bay

B8068

B8069

Caolas

Kilninian

A848

Salen

A849

Tiree

B8065

Scarinish

Loch Tuath

Gometra

Ulva

Lagganulva

B8073

Knock

B8035

23

Barrapol

Hynish Bay

Treshnish Isles

Little
Colonsay

Loch Na Keal

Loch
Ba

Dur
Gha

Balephuil

Balemartine

Staffa

Balnahard

Mull

3

IONA ABBEY

Iona

Sound of Iona

Fionnphort

Ben More
966

B8035

Glen More

A8

Ben Buie
717

I
N
N
E
R

Bunessan

A849

35

Pennyghael

Loch Scridain

Ross of Mull

Carsaig

Loch Buie

Soa Island

Ardchiavaig

Malcolm's
Point

Fir

4

Garvella

Scarb

Rubh' a'Geodha

Kiloran Bay

Colonsay

Kiloran

B8086

Scalasaig

Kilchattan

Loch Staosnaig

A

6

B

B8085

arvard

C

nn Bhreac
467

Dubh Eilean

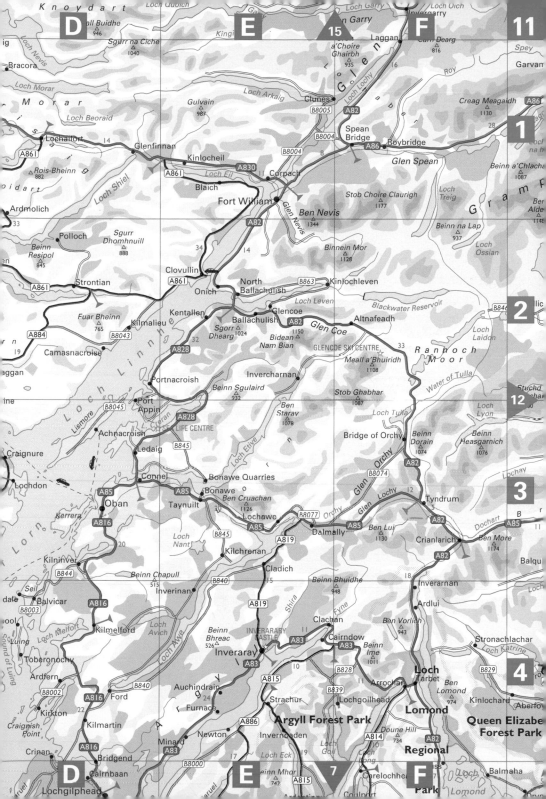

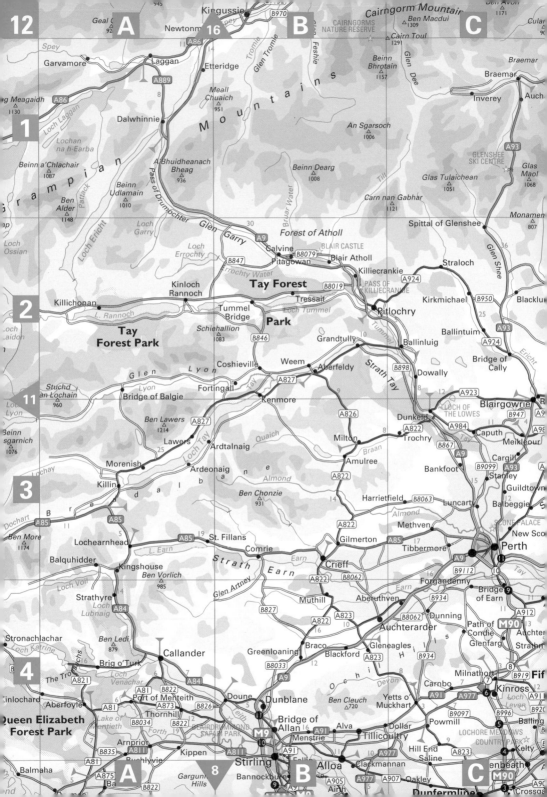

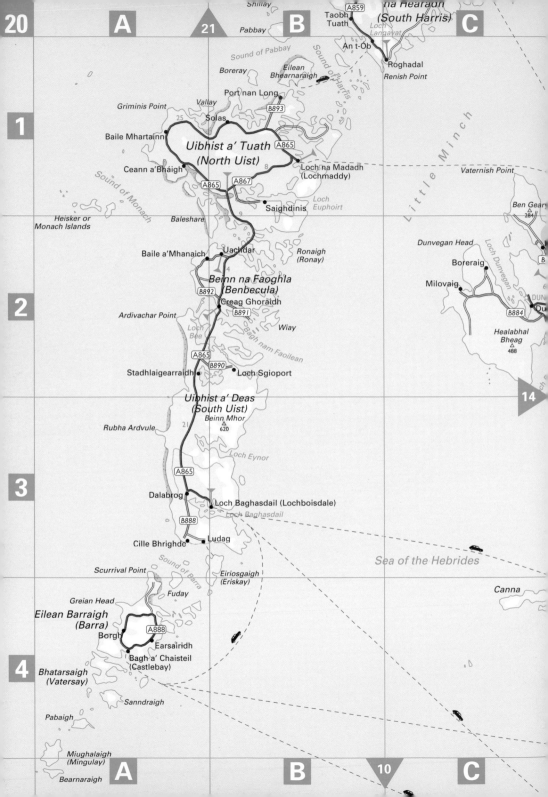

1

2

3

4

Shillay

Taobh
Tuath
A859

Pabbay

na Hearadh
(South Harris)

Loch
Langavat

An t-Ob

Roghadal

Sound of Pabbay

Boreray

Eilean
Bhearnaraigh

Renish Point

Griminis Point

Vallay

Port nan Long

B893

Sound of Harris

Vaternish Point

Little Minch

25

Solas

Baile Mhartainn

Uibhist a' Tuath
(North Uist)

A865

Ceann a'Bháigh

Loch na Madadh
(Lochmaddy)

Ben Gear
284

Sound of Monach

A865   A867

8

Heisker or
Monach Islands

Baleshare

Saighdinis

Loch
Euphoirt

Dunvegan Head

Boreraig

Milovaig

B

Baile a'Mhanaich

Uachdar

Ronaigh
(Ronay)

Loch Dunvegan

DUN

Du

B884

Beinn na Faoghla
(Benbecula)

B892

4

Ardivachar Point

Creag Ghoràidh

B891

Wiay

Loch
Bee

Bagh nam Faoilean

Healabhal
Bheag
488

A865

B890

Stadhlaigearraidh

Loch Sgioport

14

Uibhist a' Deas
(South Uist)

Rubha Ardvule

21

Beinn Mhor
620

Loch Eynor

A865

3

Dalabrog

Loch Baghasdail (Lochboisdale)

Loch Baghasdail

B888

Cille Bhrighde

Ludag

Sea of the Hebrides

Scurrival Point

Sound of Barra

Eiriosgaigh
(Eriskay)

Canna

Greian Head

Fuday

Eilean Barraigh
(Barra)

Borgh

A888

Earsaìridh

Bagh a' Chaisteil
(Castlebay)

4

Bhatarsaigh
(Vatersay)

Sanndraigh

Pabaigh

Miughalaigh
(Mingulay)

A

B

10

C

Bearnaraigh

1

2

3

4

Rubha Robhanais
Eoropaidh
Tabost
Dail Bho
Thuath
Port Nis
Sgiogarstaigh

A857
15
Barabhas
Arnol
Siabost
Bragar
A857
Muirneag
248
Tolastadh Úr
Tolsta Head

A858
Carlabhagh
Tolastadh
a'Chaolais
20
Beinn Mholach
292
Griais
B895

West
Loch Roag
East Loch Roag
Great Bernera
Breascleit
Calanais
Tunga
Stornoway
(Steornabhagh)
Newmarket
Loch a' Tuath
Rubha an t-Siumpain
Port nan Giúran

Miabhig
Crulabhig
B8059
Gearraidh na h-Aibhne
A858
Siulaisiadar
An Rubha
A866

Timsgearraidh
Loch Suainaval
B8011
B8011
Achadh Mór
13
A859
B897

Breanais
Mealisval
574
Einacleit
12
Crosbost

Eilean Leodhais
Baile Ailein
Loch Erisort

Mealasta Island
Loch Resort
21
B8060
Cearsiadar
Grabhair

(Lewis)
Loch Langavat
Airidh
a'Bhruaich
Kebock Head

carp
A859
Beinn Mhór
572
B8060
Leumrabhagh

Huisinis
Tirga Mor
679
Clishham
799
Loch Claidh
Loch Shell

Abhainnsuidhe
B887
A859
A859
Loch Bhrollum

Aird Asaig
An Tairbeart
(Tarbert)
A859
Sound of Taransay
25
Caolas Scalpaigh
Eilean Scalpaigh (Scalpay)
Shiant Islands
Rubha

Ceann a Deas na Hearadh (South Harris)

e Head
A859
Taobh Tuath
Loch Langavat
Me

An t-Òb
Roghadal
Renish Point

Sound of Harris
aigh

Little Minch

Rubha Hunish
Kilmaluag
A855
19
Staffin Bay

Balgown
Staffin

Loch na Madadh (Lochmaddy)
Vaternish Point
Idrigil
Uig
Culnaknock
Fearnmo

Loch Euphoirt

Ben Geary
284
A8
14
A855
13

Dunvegan Head
Loch Snizort
usta
Raasay
Rona
Redp

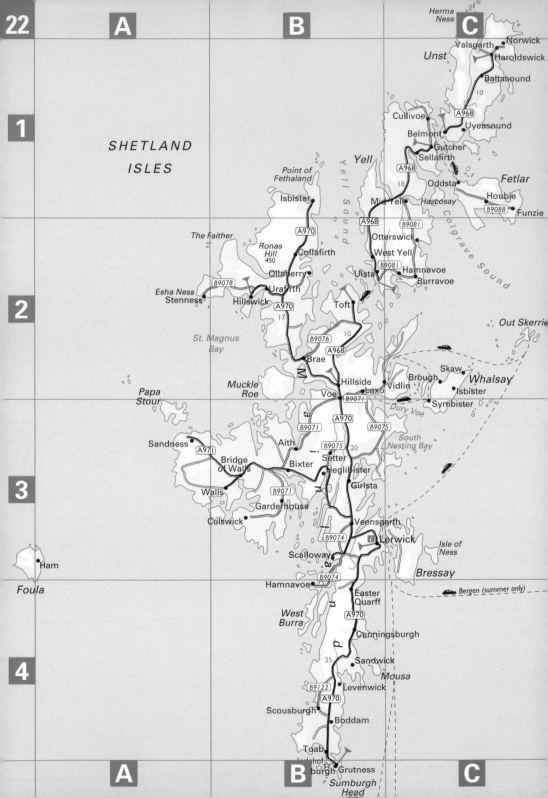

A B C

1

SHETLAND
ISLES

Herma
Ness

Unst

Valsgarth Norwick
Haroldswick
Baltasound
10
A968
Cullivoe Uyeasound
Belmont
Gutcher
Sellafirth
A968

Yell

18

Fetlar

Houbie
B9088
Funzie

Point of
Fethaland

Isbister
A970

The Faither

Ronas
Hill
450

Collafirth

Ollaberry

Urafirth
B9078
Esha Ness
Stenness
Hillswick
A970
17

Mid Yell *Hascosay*
A968
B9081
Otterswick
West Yell
B9081
Ulsta Hamnavoe
Burravoe

Toft

Out Skerrie

2

St. Magnus
Bay

B9076
A968
10

Brae

Muckle
Roe

Voe

Papa
Stour

Hillside
Laxo
B9071
A970
B9071

Vidlin
B9075

Brough Skaw

Whalsay

Isbister
Symbister

South
Nesting Bay

Sandness
A971
Bridge
of Walls
Walls
B9071

Aith
Bixter
B9075 20
Setter
Weisdale
Girlsta

Garderhouse

Culswick

Veensgarth
B9074
Lerwick

Isle of
Ness

3

Ham
Foula

Scalloway

Hamnavoe
B9074

West
Burra

Easter
Quarff
A970

Bressay

Bergen (summer only)

Cunningsburgh

4

25

Sandwick

Mousa

B9122
A970
Levenwick

Scousburgh

Boddam

Toab
...burgh Grutness
Sumburgh
Head

A B C

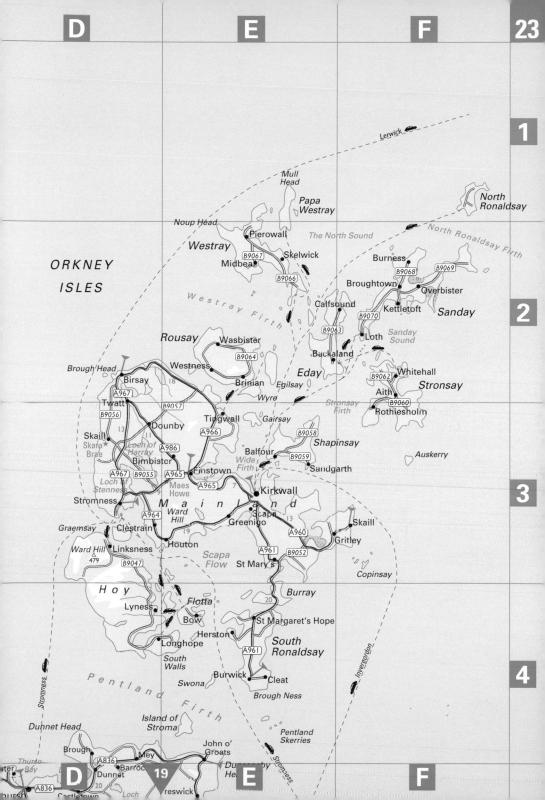

1

2

3

4

Lerwick

Mull Head

Papa Westray

North Ronaldsay

Noup Head

Pierowall

Skelwick

The North Sound

North Ronaldsay Firth

Westray

B9067

Midbea

B9066

Burness

B9068

B9069

Broughtown

Overbister

ORKNEY ISLES

Calfsound

Kettletoft

Sanday

Westray Firth

B9070

B9063

Loth

Sanday Sound

Rousay

Wasbister

B9064

Backaland

Westness

Brinian

Eday

Egilsay

B9062

Whitehall

Brough Head

Birsay

A967

18

Wyre

Aith

B9060

Stronsay

Rothiesholm

Twatt

B9057

Tingwall

Gairsay

Stronsay Firth

B9056

Dounby

A966

B9058

Shapinsay

Skaill

13

Loch of Harray

A986

Balfour

B9059

Auskerry

Skara Brae

Bimbister

Finstown

Sandgarth

A967

B9055

A965

Wide Firth

Loch of Stenness

Maes Howe

A965

7

Kirkwall

Mainland

Stromness

9

A964

Ward Hill

Scapa

13

Skaill

Greenigo

A960

Gritley

Graemsay

Clestrain

Houton

19

Linksness

Scapa Flow

A961

St Mary's

B9052

Copinsay

Ward Hill △ 479

B9047

Burray

Hoy

20

Lyness

Flotta

St Margaret's Hope

Bow

Herston

South Ronaldsay

Longhope

A961

South Walls

Burwick

Cleat

Pentland Firth

Swona

Brough Ness

Invergordon

Island of Stroma

John o' Groats

Pentland Skerries

Dunnet Head

Brough

Mey

Duncansby Head

Thurso Bay

A836

Barrock

Dunnet

19

D   E   F

A836

Castletown

reswick

Loch

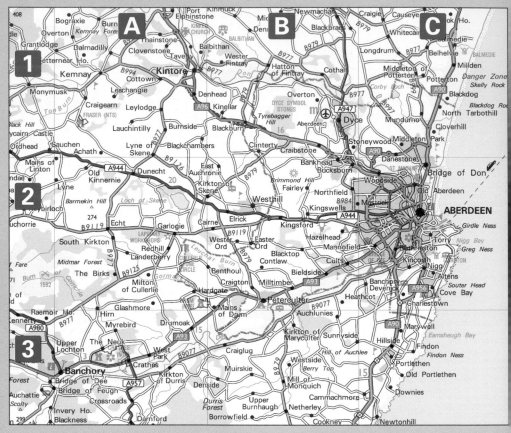

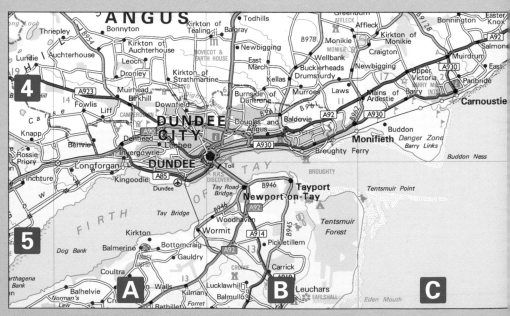

0 1 2 3 4 5 miles
0 1 2 3 4 5 6 7 8 km

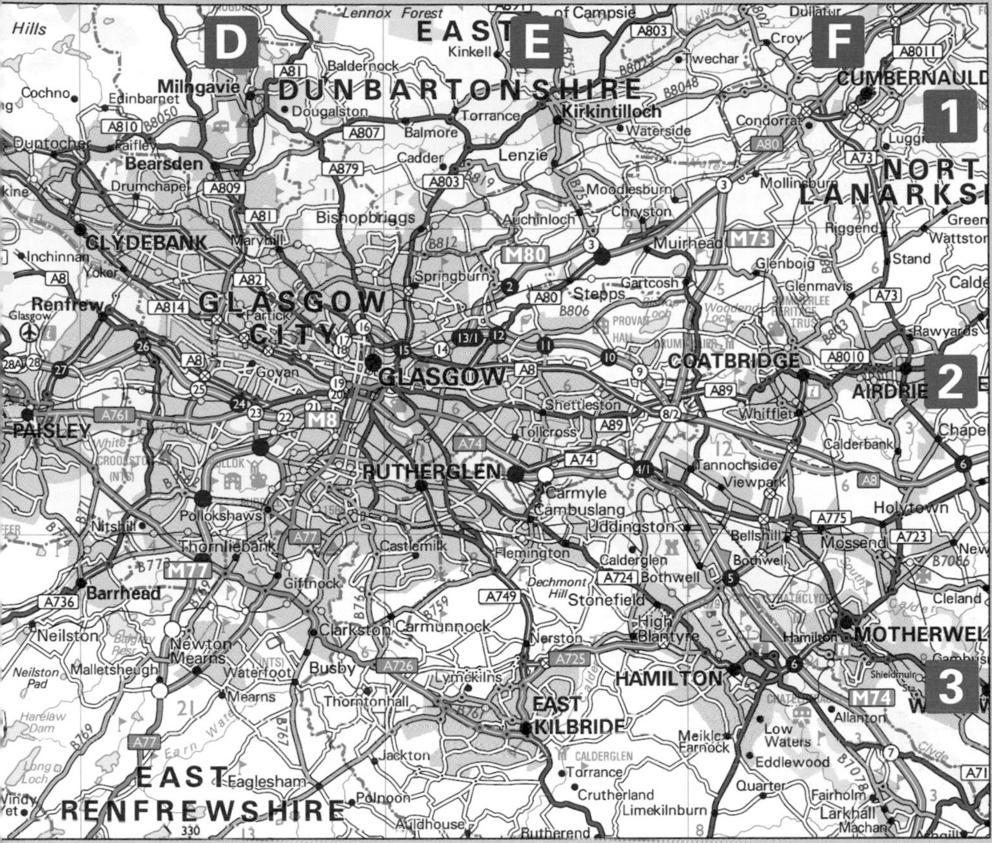
D
E
F
1
2
3
EAST DUNBARTONSHIRE
NORTH LANARKSHIRE
GLASGOW CITY
EAST RENFREWSHIRE
Milngavie
Bearsden
CLYDEBANK
Renfrew
PAISLEY
GLASGOW
RUTHERGLEN
Kirkintilloch
CUMBERNAULD
COATBRIDGE
AIRDRIE
MOTHERWELL
HAMILTON
EAST KILBRIDE
Barrhead
Lennox Forest
Kinkell
Baldernock
Dougalston
Torrance
Balmore
Cadder
Lenzie
Waterside
Twechar
Croy
Condorrat
Mollinsburn
Moodiesburn
Chryston
Auchinloch
Bishopbriggs
Muirhead
Glenboig
Glenmavis
Stepps
Gartcosh
Springburn
Maryhill
Partick
Govan
Shettleston
Tollcross
Carmyle
Cambuslang
Uddingston
Bellshill
Bothwell
Holytown
Mossend
Tannochside
Viewpark
Calderbank
Whifflet
Riggend
Stand
Rawyards
Chapel
Cleland
Yoker
Inchinnan
Drumchapel
Duntocher
Faifley
Cochno
Edinbarnet
Pollokshaws
Nitshill
Thornliebank
Giffnock
Castlemilk
Flemington
Calderglen
Stonefield
High Blantyre
Dechmont Hill
Clarkston
Carmunnock
Nerston
Newton Mearns
Mearns
Waterfoot
Busby
Neilston
Malletsheugh
Neilston Pad
Harelaw Dam
Long Loch
Lymekilns
Thorntonhall
Jackton
Eaglesham
Polnoon
Auldhouse
Torrance
Crutherland
Limekilnburn
Rutherend
Meikle Earnock
Low Waters
Eddlewood
Quarter
Fairholm
Larkhall
Machan
Allanton
Shieldmuir
Hills

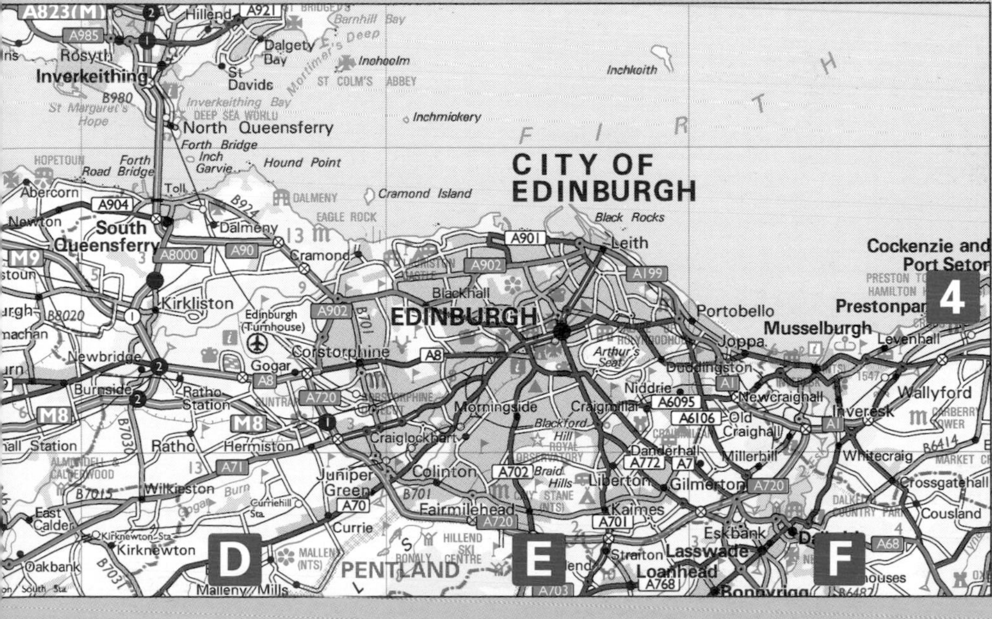
D
E
F
4
CITY OF EDINBURGH
FIRTH
EDINBURGH
Leith
Portobello
Musselburgh
Joppa
Prestonpans
Cockenzie and Port Seton
Levenhall
Wallyford
Inveresk
Whitecraig
Crossgatehall
Cousland
Duddingston
Newcraighall
Old Craighall
Niddrie
Craigmillar
Danderhall
Millerhill
Gilmerton
Liberton
Kaimes
Straiton
Lasswade
Loanhead
Bonnyrigg
Eskbank
Morningside
Blackford Hill
Braid Hills
Fairmilehead
Colinton
Juniper Green
Currie
Craiglockhart
Corstorphine
Gogar
Blackhall
Cramond
Cramond Island
Black Rocks
Dalmeny
South Queensferry
North Queensferry
Inverkeithing
Rosyth
Hillend
Dalgety Bay
St Davids
Inchcolm
Inchkeith
Inchmickery
Hound Point
Inch Garvie
Forth Bridge
Forth Road Bridge
Abercorn
Newton
Kirkliston
Newbridge
Burnside
Ratho
Ratho Station
Hermiston
Wilkieston
East Calder
Kirknewton
Oakbank
PENTLAND
Malleny Mills
Arthur's Seat
Edinburgh (Turnhouse)

County Abbreviations

Aber.	Aberdeenshire	E.Dun.	East Dunbartonshire	N.Lan.	North Lanarkshire	Sc. Bord.	Scottish Borders
Arg. & B.	Argyll & Bute	E.Loth.	East Lothian	N.Yorks.	North Yorkshire	Shet.	Shetland
C.Ab.	City of Aberdeen	E.Renf.	East Renfrewshire	Nhumb.	Northumberland	Stir.	Stirling
Cumb.	Cumbria	Edin.	City of Edinburgh	Ork.	Orkney	T. & W.	Tyne & Wear
D. & G.	Dumfries & Galloway	Glas.	City of Glasgow	P. & K.	Perthshire & Kinross	W.Isles	Western Isles
Dur.	County Durham	High.	Highland	Renf.	Renfrewshire	W.Loth.	West Lothian
E.Ayr.	East Ayrshire	I. o. M.	Isle of Man	S.Ayr.	South Ayrshire		
		Midloth.	Midlothian	S.Lan.	South Lanarkshire		

Note: Index entries shown in bold type can be found on the urban area maps, pages 24–25.

Abbeytown 3 E2
Aberchirder 17 D2
Aberdeen 24 C2
Aberdeen Airport 17 E4
Aberdeen Airport 24 B1
Aberdour 8 B1
Aberfeldy 12 B2
Aberfoyle 12 A4
Aberlady 8 C1
Aberlemno 13 E2
Abernethy 12 C4
Aberuthven 12 C4
Abhainnsuidhe 21 D3
Abington 8 A3
Aboyne 17 D4
Achadh Mór 21 E2
Achahoish 6 C1
Acharacle 10 C2
Achath 24 A1
Achavanich 19 E2
Achfary 18 B2
Achiltibuie 18 A3
Achintee 15 D3
Achnacroish 11 D3
Achnasheen 15 E2
Achosnich 10 C2
Achriesgill 18 B2
Acomb 4 B1
Affleck 24 B4
Aird Asaig 21 D3
Aird of Sleat 14 B4
Airdrie 8 A2
Airdrie 25 F2
Airidh a'Bhruaich 21 E2
Airth 8 A1
Aith Ork. 23 F2
Aith Shet. 22 B3
Akeld 9 E3
Alexandria 7 E1
Alford Aber. 17 D4
Allanton N.Lan. 8 A2
Allanton S.Lan. 25 F3
Allendale Town 4 B2
Allenheads 4 B2
Allnabad 18 C2
Alloa 8 A1
Allonby 3 E2
Alloway 7 E3
Alness 16 A2
Alnmouth 9 F4
Alnwick 9 F4
Alston 4 A2
Altens 24 C2
Altnafeadh 11 F2
Altnaharra 18 C2
Alva 12 B4
Alves 16 B2
Alvie 16 A4
Alyth 13 D2
Amble 9 F4
Ambleside 3 F4
Amulree 12 B3
An t-Ob 21 D4
An Tairbeart 21 E3
Ancroft 9 E2
Ancrum 9 D3
Andreas 2 B4
Annan 3 E1
Annbank 7 E3
Annfield Plain 4 C2
Anstruther 13 E4
Aoradh 6 A2
Appleby-in-Westmorland 4 A3
Applecross 14 C3
Arbirlot 13 E3
Arbroath 13 E3
Ardchiavaig 10 B4
Arden 7 E1

Ardentinny 7 E1
Ardeonaig 12 A3
Ardersier 16 A2
Ardfern 11 D4
Ardgay 18 C4
Ardlui 11 F4
Ardlussa 6 B1
Ardmair 18 A4
Ardminish 6 B2
Ardmolich 11 D1
Ardrishaig 6 C1
Ardrossan 7 E3
Ardtalnaig 12 A3
Ardtoe 10 C2
Ardvasar 14 C4
Arinagour 10 B2
Arisaig 10 C1
Armadale 8 A1
Arnisdale 14 C4
Arnol 21 E1
Arnprior 12 A4
Arrochar 11 F4
Ashgill 25 F3
Ashington 5 D1
Ashkirk 8 C3
Aspatria 3 E2
Attadale 15 D3
Auchallater 12 C1
Auchenblae 13 E1
Auchenbreck 7 D1
Auchencairn 3 D2
Auchencrow 9 E2
Auchindrain 11 E4
Auchinleck 7 F3
Auchinloch 25 E1
Auchlunies 24 B3
Auchmull 13 E1
Auchnagatt 17 F3
Aucholzie 13 D1
Auchterarder 12 B4
Auchterhouse 24 A4
Auchtermuchty 13 D4
Auchtertool 8 B1
Auldearn 16 B2
Auldhouse 24 E3
Aultbea 15 D1
Aultguish Inn 15 E2
Aviemore 16 B4
Avoch 16 A2
Avonbridge 8 A1
Aycliffe 5 D3
Ayr 7 E3
Aysgarth 4 C4

B

Backaland 23 E2
Badcaul 18 A4
Badenscoth 17 E3
Badlipster 19 F2
Bagh a' Chaisteil (Castlebay) 20 A4
Baile Ailein 21 E2
Baile a'Mhanaich 20 A2
Baile Mhartainn 20 A1
Bainbridge 4 B4
Balbeggie 12 C3
Balbithan 24 A1
Balblair 16 A2
Baldernock 25 D1
Baldovie 24 B4
Balemartine 10 A3
Balephuil 10 A3
Balfour 23 E3
Balfron 7 F1
Balgown 12 A3
Balgray 13 D3
Balgray 24 B4
Balhelvie 24 A5
Balintore 16 A2

Ballachulish 11 E2
Ballantrae 2 A1
Ballater 13 D1
Ballaugh 2 B4
Ballingry 12 C4
Ballinluig 12 C2
Ballintuim 12 C2
Balloch 7 E1
Ballochroy 6 C2
Ballygrant 6 A2
Balmacara 14 C3
Balmaha 7 E1
Balmedie 17 F4
Balmedie 24 C1
Balmerino 24 A5
Balmore E.Dun. 25 E1
Balmullo 24 B5
Balnacra 15 D3
Balnahard 10 B3
Balnapaling 16 A2
Balquhidder 12 A3
Baltasound 22 C1
Balvicar 11 D4
Bamburgh 9 F3
Banchory 13 E1
Banchory 24 A3
Banchory-Devenick 24 C2
Banff 17 E2
Bankfoot 12 C3
Bankhead 24 B2
Bannockburn 8 A1
Barabhas 21 E1
Barassie 7 E3
Barbaraville 16 A2
Bargrennan 2 B1
Barnard Castle 4 C3
Barr 7 E4
Barrapol 10 A3
Barrhead 7 F2
Barrhead 25 D3
Barrhill 2 B1
Barrock 19 F1
Barry 24 C4
Bathgate 8 A1
Beadnell 9 F3
Bearsden 7 F1
Bearsden 25 D1
Beattock 8 B4
Beauly 15 F3
Bedale 5 D4
Bedlington 4 C1
Beith 7 E2
Belford 9 F3
Belhelvie 24 C1
Bellingham 4 B1
Bellshill N.Lan. 7 F2
Bellshill N.Lan. 25 F3
Belmont Shet. 22 C1
Belsay 4 C1
Benthoul 24 B2
Benvie 24 A4
Bernisdale 14 B2
Berriedale 19 E3
Berwick-upon-Tweed 9 E2
Bettyhill 18 C1
Bieldside 24 B2
Biggar 8 A3
Bilbster 19 F2
Billingham 5 D3
Billy Row 4 C2
Bilston Midloth. 8 B2
Bimbister 23 E3
Birkhill 24 A4
Birsay 23 D2
Birtley T. & W. 5 D2
Bishop Auckland 4 C3
Bishopbriggs 7 F1
Bishopbriggs 25 E2
Bishopton Renf. 7 F1

Bixter 22 B3
Blackbraes 24 B1
Blackburn Aber. 17 E4
Blackburn Aber. 24 B1
Blackburn W.Loth. 8 A2
Blackchambers 24 A1
Blackdog 24 C1
Blackford 12 B4
Blackhall 25 E4
Blackhall Colliery 5 D2
Blacklunans 12 C2
Blackridge 8 A1
Blacktop 24 B2
Blackwaterfoot 6 C3
Blaich 11 E1
Blair Atholl 12 B2
Blairgowrie 12 C2
Blaydon 4 C1
Blyth Nhumb. 5 D1
Blyth Bridge 8 B2
Boat of Garten 16 B4
Boath 15 F2
Boddam Aber. 17 F3
Boddam Shet. 22 B4
Bogniebrae 17 D3
Bograxie 24 A1
Boldon 5 D2
Boltby 5 D4
Bolton E.Loth. 8 C1
Bonar Bridge 18 C4
Bonawe 11 E3
Bonawe Quarries 11 E3
Bonchester Bridge 9 D4
Bo'ness 8 A1
Bonjedward 9 D3
Bonnington 24 C4
Bonnybridge 8 A1
Bonnyrigg 8 C2
Bonnyton 24 A4
Bootle Cumb. 3 E4
Boreland 8 B4
Boreraig 14 A2
Borgh 20 A4
Borgue D. & G. 2 C2
Borgue High. 19 E3
Borrowdale 3 F3
Borrowfield 24 B3
Borve 14 B3
Bothel 3 E2
Bothwell 25 F3
Bottomcraig 24 A5
Bournmoor 5 D2
Bow 23 D3
Bowburn 5 D2
Bowes 4 B3
Bowmore 6 A2
Bowness-on-Solway 3 E1
Bowness-on-Windermere 3 F4
Bracadale 14 A3
Braco 12 B4
Bracora 11 D1
Brae 22 B2
Braeantra 15 F1
Braemar 12 C1
Bragar 21 E1
Braithwaite 3 E3
Brampton Cumb. 4 A2
Brandon Dur. 4 C2
Breakish 14 C4
Breanais 21 D2
Breascleit 21 E2
Brechin 13 E2
Bridge of Allan 12 B4
Bridge of Balgie 12 A2
Bridge of Cally 12 C2
Bridge of Craigisla 13 D2
Bridge of Don 17 F4
Bridge of Don 24 C2

Bridge of Dun 13 E2
Bridge of Dye 13 E1
Bridge of Earn 12 C4
Bridge of Orchy 11 F3
Bridge of Walls 22 B3
Bridge of Weir 7 E2
Bridgend Angus 13 E2
Bridgend Moray 16 C3
Bridgend (Islay) Arg. & B. 6 A2
Bridgend (Lochgilphead) Arg. & B. 6 C1
Brig o'Turk 12 A4
Brigham 3 E3
Brinian 23 E2
Broadford 14 C4
Brochel 14 B3
Brodick 7 D3
Brompton 5 D4
Brompton on Swale 4 C4
Brora 19 D4
Brotton 5 E3
Brough Cumb. 4 B3
Brough High. 19 E1
Brough Shet. 22 C2
Broughton Sc.Bord. 8 B3
Broughton in Furness 3 E4
Broughtown 23 F2
Broughty Ferry 13 E3
Broughty Ferry 24 B4
Broxburn 8 B1
Brunton 24 A5
Buchlyvie 7 F1
Buckhaven 13 D4
Buckie 17 D2
Bucklerheads 24 B4
Bucksburn 17 E4
Bucksburn 24 B2
Buddon 24 C4
Buldoo 19 E1
Bunessan 10 B3
Burgh by Sands 3 F2
Burghead 16 B2
Burness 23 F2
Burnhervie 24 A1
Burnhouse 7 E2
Burniston 5 F4
Burnmouth 9 E2
Burnopfield 4 C2
Burnside 24 A1
Burnside of Duntrune 24 B4
Burntisland 8 B1
Burravoe 22 C2
Burrelton 12 C3
Burwick 23 E4
Busby E.Renf. 25 D3
Buttermere 3 E3

C

Cadder 25 E1
Cairnbaan 6 C1
Cairndow 11 E4
Cairne 24 B2
Cairneyhill 8 A1
Cairnryan 2 A1
Calanais 21 E2
Caldbeck 3 F2
Calderbank 25 F2
Caldercruix 8 A1
Calderglen 25 E3
Caldwell 4 C3
Calfsound 23 E2
Calgary 10 B2
Callander 12 A4
Calvine 12 B2
Camasnacroise 11 D2
Cambuslang 25 E2
Cammachmore 24 C3
Campbeltown 6 C3

Camptown 9 D4
Cannich 15 E3
Canonbie 3 F1
Caolas 10 A2
Caolas Scalpaigh 21 E3
Cappercleuch 8 B3
Capplegill 8 B4
Caputh 12 C3
Carbost (Loch Harport) *High.* 14 B3
Carbost (Loch Snizort Beag) *High.* 14 B3
Cardenden 13 D4
Cardross 7 E1
Cargenbridge 3 D1
Cargill 12 C3
Carlabhagh 21 E1
Carlisle 3 F2
Carlops 8 B2
Carluke 8 A2
Carmunnock 25 E3
Carmyle 25 E2
Carmyllie 13 E3
Carnbee 13 E4
Carnbo 12 C4
Carnoustie 13 E3
Carnoustie 24 C4
Carnwath 8 A2
Carradale 6 C3
Carrbridge 16 B4
Carrick 24 B5
Carronbridge 8 A4
Carsaig 10 C3
Carsluith 2 C2
Carsphairn 7 F4
Carstairs 8 A2
Castle Carrock 4 A2
Coniston 3 F4
Castle Douglas 3 D2
Castle Kennedy 2 A2
Castlebay (Bagh a' Chaisteil) 20 A4
Castlemilk 25 E3
Castleside 4 C2
Castleton *N Yorks* 5 F4
Castletown *High.* 19 E1
Catrine 7 F3
Catterick 4 C4
Catterick Camp 4 C4
Causeyend 24 C1
Cawdor 16 A2
Ceann a'Bháigh 20 A1
Cearsiadar 21 E2
Ceres 13 D4
Champany 8 A1
Chapelhall 8 A2
Chapelhall 25 F2
Charlestown 17 F4
Charlestown *C.Ab.* 24 C2
Charlestown of Aberlour 16 C3
Chatton 9 E3
Chester-le-Street 5 D2
Chesters 9 D4
Chilton 5 D3
Chirnside 9 E2
Chopwell 4 C2
Christon Bank 9 F3
Chryston 7 F1
Chryston 25 E1
Cille Bhrighde 20 A3
Clabhach 10 A2
Clachan (Kintyre) *Arg. & B.* 6 C2
Clachan (Loch Fyne) *Arg. & B.* 11 E4
Clachan (Raasay) *High.* 14 B3
Clachan of Glendaruel 7 D1
Clachtoll 18 A3
Cladich 11 E3
Claggan 11 D2
Claonaig 6 C2
Clarkston 25 D3
Clashmore 16 A1
Clashnessie 18 A3
Cleadale 10 C1
Cleadon 5 D1
Cleat 23 E4
Cleator Moor 3 E3

Cleland 8 A2
Cleland 25 F3
Clestrain 23 D3
Clinterty 24 B1
Closeburn 8 A4
Cloughton 5 F4
Clova 13 D1
Clovenfords 8 C3
Clovenstone 24 A1
Cloverhill 24 C1
Clovullin 11 E2
Clunes 11 E1
Clydebank 7 F1
Clydebank 25 D2
Coalburn 8 A3
Coast 15 D1
Coatbridge 7 F2
Coatbridge 25 F2
Cock Bridge 16 C4
Cockburnspath 9 D1
Cockenzie & Port Seton 8 C1
Cockermouth 3 E3
Cockfield 4 C3
Coldingham 9 E2
Coldstream 9 E3
Colintraive 7 D1
Collafirth 22 B2
Collieston 17 F3
Collin 3 E1
Colmonell 2 A1
Colnabaichin 16 C4
Colquhar 8 C2
Comrie 12 B3
Condorrat 25 F1
Coniston 3 F4
Connel 11 D3
Conon Bridge 15 F2
Consett 4 C2
Contin 15 F2
Contlaw 24 B2
Cookney 24 B3
Copley 4 C3
Corbridge 4 B1
Cornhill 17 D2
Cornhill-on-Tweed 9 E3
Corpach 11 E1
Corrie 7 D3
Corsock 3 D1
Corstorphine 25 D4
Coshieville 12 B2
Cothall 24 B1
Cottown 24 A1
Coulport 7 E1
Coultra 24 A5
Coundon 4 C3
Coupar Angus 13 D3
Cove *Arg. & B.* 7 E1
Cove *High.* 14 C1
Cove Bay 17 F4
Cove Bay 24 C2
Cowdenbeath 8 B1
Cowie 8 A1
Cowshill 4 B2
Coylton 7 E3
Coylumbridge 16 B4
Craibstone 24 B1
Craichie 13 E2
Craig 15 D3
Craigandaive 7 D1
Craigdarroch 7 F4
Craigearn 24 A1
Craigellachie 16 C3
Craigendoran 7 E1
Craighat 7 F1
Craigie 24 C1
Craiglockhart 25 E4
Craiglug 24 B3
Craigmillar 25 E4
Craignure 11 D3
Craigton *Angus* 24 C4
Craigton *C.Ab.* 24 B2
Crail 13 E4
Cramlington 5 D1
Cramond 8 B1
Cramond 25 D4
Cranshaws 9 D2
Crask Inn 18 C3
Craster 9 F3
Crathes 24 A3
Crathie 13 D1

Crawfordjohn 8 A3
Creag Ghoraidh 20 B2
Creetown 2 C2
Creich 24 A5
Crianlarich 11 F3
Crieff 12 B3
Crimond 17 F2
Crinan 11 D4
Crocketford or Ninemile Bar 3 D1
Cromarty 16 A2
Crook 4 C3
Crookham 9 E3
Crosbost 21 E2
Crosby Ravensworth 4 A3
Crossaig 6 C2
Crosscanonby 3 E2
Crossford *Fife* 8 B1
Crossford *S.Lan.* 8 A2
Crossgates *Fife* 8 B1
Crosshands 7 E3
Crosshill 7 E4
Crosshouse 7 E3
Crossmichael 2 C1
Crossroads 24 A3
Croy *High.* 16 A3
Croy *N.Lan.* 7 F1
Croy *N.Lan.* 25 F1
Cruden Bay 17 F3
Crulabhig 21 E2
Crutherland 25 E3
Culbokie 15 F2
Culdrain 17 D3
Cullen 17 D2
Cullicudden 16 A2
Cullipool 11 D4
Cullivoe 22 C1
Culnacraig 18 A4
Culnaknock 14 B2
Culross 8 A1
Culswick 22 B3
Cults 17 E4
Cults *C.Ab.* 24 B2
Cumbernauld 8 A1
Cumbernauld 25 F1
Cuminestown 17 E2
Cumnock 7 F3
Cunningsburgh 22 B4
Cupar 13 D4

D
Dacre 3 F3
Dail Bho Thuath 21 F1
Dailly 7 E4
Dairsie 13 D4
Dalabrog 20 A3
Dalbeattie 3 D2
Dalgety Bay 8 B1
Dalkeith 8 C2
Dallas 16 B2
Dalmadilly 24 A1
Dalmally 11 E3
Dalmellington 7 F4
Dalmeny 25 D4
Dalnavie 16 A2
Dalry 7 E2
Dalrymple 7 E4
Dalserf 25 F3
Dalston 3 F2
Dalwhinnie 12 A1
Danby 5 E4
Danestone 24 C1
Darlington 5 D3
Darnford 24 A3
Darra 17 E3
Darvel 7 F3
Dava 16 B3
Daviot 16 A3
Dearham 3 E3
Dechmont 8 A1
Denhead *Angus* 24 A4
Denhead *C.Ab.* 24 A1
Denholm 9 D3
Denmill 24 B1
Denny 8 A1
Denside 24 B3
Dervaig 10 C2
Dhoon 2 B4
Dingwall 15 F2
Dinnet 17 D4

Dippen 6 C3
Dirleton 8 C1
Distington 3 E3
Dochgarroch 15 F3
Doddington 9 E3
Dollar 12 B4
Dolphinton 8 B2
Dores 15 F3
Dornie 15 D3
Dornoch 16 A1
Dougalston 25 D1
Dougarie 6 C3
Douglas *S.Lan.* 8 A3
Douglas & Angus 24 B4
Douglastown 13 D2
Dounby 23 D3
Doune 12 B4
Dounreay 19 E1
Dowally 12 C2
Downfield 24 A4
Downies 24 C3
Dreghorn 7 E3
Drem 8 C1
Drimnin 10 C2
Drongan 7 F3
Dronley 24 A4
Druimdrishaig 6 C1
Drumbeg 18 A3
Drumchapel 25 D1
Drumclog 7 F3
Drumlithie 13 F1
Drummore 2 A2
Drumnadrochit 15 F3
Drumoak 24 A3
Drumsturdy 24 B4
Drymen 7 F1
Duddingston 25 E4
Duddo 9 E2
Dufftown 16 C3
Duirinish 14 C3
Dullatur 25 F1
Dulnain Bridge 16 B3
Dumbarton 7 E1
Dumfries 3 E1
Dunbar 9 D1
Dunbeath 19 E3
Dunblane 12 B4
Dundonald 7 D1
Dundonald 7 E3
Dundee 24 B4
Dundee Airport 24 A5
Dundonald 8 A1
Dundreggan 15 E4
Dundrennan 3 D2
Dunecht 17 E4
Dunecht 24 A2
Dunfermline 8 B1
Dunkeld 12 C3
Dunlop 7 E2
Dunnet 19 E1
Dunning 12 C4
Dunoon 7 D1
Dunragit 2 A2
Duns 9 D2
Dunscore 3 D1
Dunure 7 E4
Dunvegan 14 A3
Durham 5 D2
Durness 18 B1
Dyce 17 E4
Dyce 24 B1
Dyke 16 B2
Dykehead 13 D2

E
Eaglescliffe 5 D3
Eaglesfield 3 E1
Eaglesham 7 F2
Eaglesham 25 D3
Earlston 9 D3
Earsairidh 20 A4
Easdale 11 D4
Easington *Dur.* 5 D2
Easington Colliery 5 D2
East Auchronie 24 B2
East Calder 8 B1
East Haven 13 E3
East Haven 24 C4
East Kilbride 7 F2
East Kilbride 25 E3
East Linton 9 D1

East March 24 B4
East Wemyss 13 D4
Easter Lednathie 13 D2
Easter Ord 24 B2
Easter Quarff 22 B4
Eastgate 4 B2
Eastriggs 3 F1
Ecclaw 9 D1
Ecclefechan 3 E1
Eccles *Sc.Bord.* 9 D2
Echt 17 E4
Echt 24 A2
Eckford 9 D3
Edderton 16 A1
Eddleston 8 B2
Eddlewood 25 F3
Edinbarnet 25 D1
Edinburgh 8 B1
Edinburgh 25 E4
Edinburgh Airport 8 B1
Edinburgh Airport 25 D4
Edlingham 9 F4
Edmundbyres 4 C2
Edzell 13 E2
Egglescliffe 5 D3
Eglingham 9 F3
Egremont 3 E3
Egton 5 F4
Einacleit 21 D2
Elgin 16 C2
Elgol 14 B4
Elie 13 E4
Ellingham 9 F3
Ellington 9 F4
Ellon 17 F3
Elphin 18 B3
Elphinstone 25 F4
Elrick 24 B2
Elsdon 9 E4
Elsrickle 8 B2
Elvanfoot 8 A3
Embleton 9 F3
Enterkinfoot 8 A4
Eoropaidh 21 F1
Eribill 18 B2
Errogie 15 F4
Errol 13 D3
Esh Winning 4 C2
Eskdalemuir 8 B4
Eston 5 E3
Etteridge 12 A1
Ettrick 8 B4
Ettrickbridge 8 C3
Evanton 15 F2
Eyemouth 9 E2

F
Faifley 25 D1
Fairholm 25 F3
Fairley 24 B2
Fairlie 7 E2
Falkirk 8 A1
Falkland 13 D4
Fallin 8 A1
Falstone 4 A1
Farr 16 A3
Fauldhouse 8 A2
Fearnmore 14 C2
Felling 5 D1
Felton 9 F4
Fenwick *E.Ayr.* 7 F2
Fenwick *Nhumb.* 9 F2
Feochaig 6 C4
Feolin Ferry 6 B2
Fern 13 E2
Ferness 16 B3
Ferryden 13 E2
Ferryhill 5 D3
Feshiebridge 16 B4
Fettercairn 13 E1
Fetternear Ho. 24 A1
Finavon 13 E2
Findhorn 16 B2
Findochty 17 D2
Findon 24 C3
Finnygaud 17 D2
Finstown 23 E3
Fintry 7 F1
Fionnphort 10 B3
Fishburn 5 D3

Fishnish 10 C3
Fiunary 10 C2
Flemington 25 E3
Flimby 3 E3
Flodden 9 E3
Fochabers 16 C2
Ford *Arg. & B.* 11 D4
Ford *Nhumb.* 9 E3
Fordoun 13 F1
Fordyce 17 D2
Forfar 13 D2
Forgandenny 12 C3
Forgie 16 C2
Forres 16 B2
Forsinard 19 D2
Fort Augustus 15 E4
Fort William 11 E1
Forth 8 A2
Fortingall 12 B2
Fortrose 16 A2
Foulden 9 E2
Fowlis 24 A4
Foyers 15 F4
Fraserburgh 17 F2
Freswick 19 F1
Freuchie 13 D4
Friockheim 13 E2
Frizington 3 E3
Funzie 22 C1
Furnace 11 E4
Fyvie 17 E3

G
Gainford 4 C3
Gairloch 14 C1
Galashiels 8 C3
Galmisdale 10 C1
Galston 7 F3
Gardenstown 17 E2
Garderhouse 22 B3
Garelochhead 7 E1
Garlieston 2 C2
Garlogie 24 A2
Garsdale Head 4 B4
Gartcosh 25 E2
Gartocharn 7 E1
Garvald 9 D1
Garvamore 12 A1
Garvard 6 A1
Garve 15 F2
Gatehouse of Fleet 2 C2
Gateshead 5 D2
Gauldry 24 A5
Gawthrop 4 A4
Gearraidh na h-Aibhne 21 E2
Giffnock 7 F2
Giffnock 25 D3
Gifford 8 C1
Gillamoor 5 E4
Gilling West 4 C4
Gilmerton 12 B3
Gilsland 4 A1
Gilston 8 C2
Girlsta 22 B3
Girvan 7 E4
Glamis 13 D2
Glanton 9 E3
Glasgow 7 F2
Glasgow 25 D2
Glasgow Airport 7 F2
Glashmore 24 A2
Glassford 7 F2
Glenbarr 6 B3
Glenbeg 10 C2
Glenboig 25 F2
Glenborrodale 10 C2
Glenbreck 8 B3
Glenbrittle 14 B4
Glencaple 3 E1
Glencarse 12 C3
Glencoe 11 E2
Gleneagles 12 B4
Glenegedale 6 A2
Glenelg 14 C4
Glenfarg 12 C4
Glenfinnan 11 D1
Glengarnock 7 E2
Glenkindie 17 D4
Glenluce 2 A2
Glenmavis 25 F2

Glenrothes 13 D4
Gogar 25 D4
Golspie 19 D4
Gordon 9 D2
Gorebridge 8 C2
Gosforth *Cumb.* 3 E4
Gosforth *T. & W.* 4 C1
Gourdon 13 F2
Govan 25 D2
Grabhair 21 E2
Grandtully 12 B2
Grangemouth 8 A1
Grantlodge 24 A1
Grantown-on-Spey 16 B3
Grantshouse 9 D2
Grasmere 3 F4
Grayrigg 4 A4
Great Ayton 5 E3
Great Broughton 5 E4
Great Clifton 3 E3
Great Salkeld 4 A2
Greenburn 24 B4
Greengairs 8 A1
Greengairs 25 F1
Greenhead 4 A1
Greenigo 23 E3
Greenlaw 9 D2
Greenloaning 12 B4
Greenock 7 E1
Gretna 3 F1
Greystoke 3 F3
Griais 21 F1
Gritley 23 E3
Grizebeck 3 E4
Grudie 15 E2
Grutness 22 A4
Guide Post 4 C1
Guildtown 12 C3
Guisborough 5 E3
Gullane 8 C1
Gutcher 22 C1

H
Hackness 5 F4
Haddington 8 C1
Halkirk 19 E2
Hall 7 E2
Haltwhistle 4 A1
Ham *Shet.* 22 A3
Hamilton 7 F2
Hamilton 25 F3
Hamnavoe (Mainland) *Shet.* 22 B4
Hamnavoe (Yell) *Shet.* 22 C2
Hardgate 24 A2
Haroldswick 22 C1
Harrietfield 12 C3
Harthill *N.Lan.* 8 A2
Hartlepool 5 E3
Hassendean 8 C3
Haswell 5 D2
Hatton *Aber.* 17 F3
Hatton of Fintray 24 B1
Haugh of Urr 3 D1
Hawes 4 B4
Hawick 8 C3
Hawkshead 3 F4
Haydon Bridge 4 B1
Hazelhead 24 B2
Hazelton Walls 24 A5
Healeyfield 4 C2
Heathcot 24 B2
Hebburn 5 D1
Heglibister 22 B3
Helensburgh 7 E1
Helmsdale 19 E3
Helmsley 5 E4
Heriot 8 C2
Hermiston 25 D4
Herston 23 E4
Hetton-le-Hole 5 D2
Hexham 4 B1
High Blantyre 7 F2
High Blantyre 25 E3
High Etherley 4 C3
High Hawsker 5 F4
High Hesket 3 F3
High Lorton 3 E3
Hill End 12 C4
Hill of Fearn 16 A1

Hillside *Aber.* **24 C3**
Hillside *Angus* 13 E2
Hillside *Shet.* 22 B2
Hillswick 22 B2
Hinderwell 5 F3
Hirn 24 A2
Hollybush *E.Ayr.* 7 E4
Holytown 25 F2
Holywood 3 D1
Hopeman 16 B2
Horden 5 D2
Houbie 22 C1
Houghton le Spring 5 D2
Houndslow 9 D2
Houston 7 E2
Houton 23 E3
Howwood 7 E2
Huisinis 21 D3
Humbie 8 C2
Hunter's Quay 7 E1
Huntly 17 D3
Hurlford 7 F3
Hurworth-on-Tees 5 D3
Hutton Rudby 5 D4

I
Idrigil 14 B2
Inchbare 13 E2
Inchnadamph 18 B3
Inchture 13 D3
Ingleton *Dur.* 4 C3
Innellan 7 D2
Innerleithen 8 C3
Insch 17 D3
Inveralligin 14 C2
Inverallochy 17 F2
Inveraray 11 E4
Inverarity 13 D3
Inverarnan 11 F4
Inverbervie 13 F1
Invercassley 18 C4
Invercharnan 11 E2
Inveresk 25 F4
Inverey 12 C1
Invergarry 15 E4
Invergordon 16 A2
Invergowrie 24 A4
Inverinan 11 E4
Inverkeilor 13 E2
Inverkeithing 8 B1
Inverkirkaig 18 A3
Inverlael 15 E1
Invermoriston 15 F4
Inverneil 6 C1
Inverness 16 A3
Inverness (Dalcross) Airport 16 A2
Invernoaden 11 E4
Inverurie 17 E4
Irvine 7 E3
Isbister (Mainland) *Shet.* 22 B1
Isbister (Whalsay) *Shet.* 22 C2
Isle of Whithorn 2 C2

J
Jackton 25 D3
Jarrow 5 D1
Jedburgh 9 D3
Jemimaville 16 A2
John o' Groats 19 F1
Johnstone 7 E2
Johnstonebridge 8 B4
Joppa *Edin.* **25 F4**

K
Kames 7 D1
Keillmore 6 C1
Keiss 19 F1
Keith 17 D2
Kellas *Angus* 13 D3
Kellas *Moray* 16 C2
Kelso 9 D3
Kelty 12 C4
Kemnay 17 E4
Kemnay 24 A1
Kendal 4 A4
Kenmore 12 B2

Kennacraig 6 C2
Kennethmont 17 D3
Kennoway 13 D4
Kensaleyre 14 B2
Kentallen 11 E2
Keswick 3 F3
Kettletoft 23 F2
Kielder 9 D4
Kilberry 6 C2
Kilbirnie 7 E2
Kilcadzow 8 A2
Kilchattan 10 B4
Kilchenzie 6 C3
Kilchiaran 6 A2
Kilchoan 10 C2
Kilchoman 6 A2
Kilchrenan 11 E3
Kilconquhar 13 E4
Kilcreggan 7 E1
Kildonan Lodge 19 D3
Kildrummy 17 D4
Kilfinan 7 D1
Kilham *Nhumb.* 9 E3
Killean 6 C2
Killearn 7 F1
Killichonan 12 A2
Killiecrankie 12 B2
Killin 12 A3
Killingworth 5 D1
Killundine 10 C2
Kilmacolm 7 E1
Kilmalieu 11 D2
Kilmaluag 14 B2
Kilmany 24 A5
Kilmarnock 7 F3
Kilmartin 11 D4
Kilmaurs 7 E3
Kilmelford 11 D4
Kilmory *Arg. & B.* 6 C1
Kilmory (Rum) *High.* 14 A4
Kilninian 10 B2
Kilninver 11 D3
Kiloran 10 B4
Kilrenny 13 E4
Kilsyth 7 F1
Kilwinning 7 E2
Kinbrace 19 D3
Kincardine 8 A1
Kincardine O'Neil 17 D4
Kincorth 24 C2
Kincraig 16 A4
Kinellar 24 B1
Kingarth 7 D2
Kinghorn 8 B1
Kinglassie 13 D4
Kingoodie 24 A5
Kingsford 24 B2
Kingshouse 12 A3
Kingston 16 C2
Kingswells 24 B2
Kingussie 16 A4
Kinkell 25 E1
Kinloch 14 B4
Kinloch Hourn 15 D4
Kinloch Rannoch 12 A2
Kinlochard 12 A4
Kinlochbervie 18 B2
Kinlocheil 11 E1
Kinlochewe 15 D2
Kinlochleven 11 E2
Kinloss 16 B2
Kinmuck 24 B1
Kinross 12 C4
Kintore 17 E4
Kintore 24 A1
Kintour 6 B2
Kintra 6 A2
Kippen 12 A4
Kirk Michael 2 B4
Kirk Yetholm 9 E3
Kirkbean 3 D2
Kirkbride 3 E2
Kirkby Stephen 4 B3
Kirkbymoorside 5 E4
Kirkcaldy 8 B1
Kirkcolm 2 A1
Kirkconnel 8 A4
Kirkcowan 2 B2
Kirkcudbright 2 C2

Kirkinner 2 B2
Kirkintilloch 7 F1
Kirkintilloch 25 E1
Kirkliston 8 B1
Kirkliston 25 D4
Kirkmichael *P. & K.* 12 C2
Kirkmichael *S.Ayr.* 7 E4
Kirkmuirhill 8 A2
Kirknewton *Nhumb.* 9 E3
Kirknewton *W.Loth.* 8 B2
Kirkoswald *Cumb.* 4 A2
Kirkoswald *S.Ayr.* 7 E4
Kirkpatrick Durham 3 D1
Kirkpatrick-Fleming 3 F1
Kirkton 11 D4
Kirkton *Fife* **24 A5**
Kirkton of Auchterhouse 24 A4
Kirkton of Culsalmond 17 D3
Kirkton of Durris 13 F1
Kirkton of Glenisla 13 D2
Kirkton of Kingoldrum 13 D2
Kirkton of Maryculter 24 B3
Kirkton of Menmuir 13 E2
Kirkton of Monikie 24 C4
Kirkton of Skene 17 E4
Kirkton of Skene 24 B2
Kirkton of Strathmartine 24 A4
Kirkton of Tealing 24 B4
Kirktown of Auchterless 17 E3
Kirktown of Deskford 17 D2
Kirkwall 23 E3
Kirriemuir 13 D2
Knayton 5 D4
Knock 10 C3
Knockandhu 16 C4
Kyle of Lochalsh 14 C3
Kyleakin 14 C3
Kylerhea 14 C4
Kylestrome 18 B2

L
Ladybank 13 D4
Ladykirk 9 E2
Ladysford 17 E2
Lagg 7 D3
Laggan (Invergarry) *High.* 11 F1
Laggan (Newtonmore) *High.* 12 A1
Lagganulva 10 C3
Laide 15 D1
Lairg 18 C4
Lamlash 7 D3
Lanark 8 A2
Lanchester 4 C2
Landerberry 24 A2
Langholm 3 F1
Langwathby 4 A3
Larbert 8 A1
Largoward 13 D4
Largs 7 E2
Larkhall 8 A2
Larkhall 25 F3
Latheron 19 E3
Latheronwheel 19 E3
Lauchintilly 24 A1
Lauder 8 C2
Laurencekirk 13 E2
Laurieston 2 C1
Law 8 A2
Lawers 12 A3
Laws 24 B4
Laxey 2 B4
Laxford Bridge 18 B2
Laxo 22 B2
Lazonby 4 A3
Leadburn 8 B2
Leadgate 4 C2
Leadhills 8 A3
Leckmelm 15 E1
Ledaig 11 D3
Ledmore 18 B3
Leeming 5 D4
Leith 8 B1
Leith 25 E4
Lennoxtown 7 F1

Lenzie 25 E1
Leoch 24 A4
Lerwick 22 B3
Lesbury 9 F4
Leschangie 24 A1
Leslie 13 D4
Lesmahagow 8 A3
Leswalt 2 A1
Leuchars 13 D3
Leuchars 24 B5
Leumrabhagh 21 E3
Leven Fife 13 D4
Levenhall 25 F4
Levenwick 22 B4
Leyburn 4 C4
Leylodge 24 A1
Lhanbryde 16 C2
Libberton 8 A2
Liff 24 A4
Lilliesleaf 8 C3
Limekilnburn 25 F3
Limekilns 8 B1
Lindores 13 D4
Linksness 23 D3
Linlithgow 8 A1
Linsidemore 15 F1
Littlemill E.Ayr. 7 F4
Littlemill High. 16 B2
Livingston 8 B1
Loanhead 8 B2
Loans 7 E3
Loch Baghasdail 20 B3
(Lochboisdale)
Loch na Madadh 20 B1
(Lochmaddy)
Loch Sgioport 20 B2
Lochailort 11 D1
Lochaline 10 C3
Lochans 2 A2
Locharbriggs 3 E1
Lochawe 11 E3
Lochboisdale 20 B3
(Loch Baghasdail)
Lochcarron 15 D3
Lochdon 11 D3
Lochearnhead 12 A3
Lochee 24 A4
Lochend 15 F3
Lochgelly 12 C4
Lochgilphead 6 C1
Lochgoilhead 11 F4
Lochinver 18 A3
Lochmaben 3 E1
Lochmaddy 20 B1
(Loch na Madadh)
Lochranza 7 D2
Lochwinnoch 7 E2
Lockerbie 3 E1
Lockton 5 F4
Loftus 5 E3
Logan 7 F3
Longbenton 5 D1
Longdrum 24 C1
Longforgan 13 D3
Longforgan 24 A5
Longframlington 9 F4
Longhope Ork. 23 D4
Longhorsley 9 F4
Longhoughton 9 F3
Longmanhill 17 E2
Longmorn 16 C2
Longniddry 8 C1
Longside 17 F3
Longtown 3 F1
Lossiemouth 16 C2
Loth 23 F2
Lothmore 19 E3
Low Waters 25 F3
Lower Diabaig 14 C2
Lower Killeyan 6 A3
Loweswater 3 E3
Lowick 9 E3
Lucklawhill 24 B5
Ludag 20 A3
Luggiebank 25 F1
Luib 14 B3
Lumphanan 17 D4
Luncarty 12 C3
Lundin Links 13 D4
Luss 7 E1

Lusta 14 A2
Lybster 19 F2
Lymekilns 25 E3
Lyne 24 A2
Lyne of Skene 17 E4
Lyne of Skene 24 A1
Lynemore 16 B3
Lynemouth 9 F4
Lyness 23 D4

M
Macduff 17 E2
Machan 25 F3
Macharioch 6 C4
Machrihanish 6 B3
Macmerry 8 C1
Maidens 7 E4
Mains of Ardestie 24 C4
Mains of Drum 24 B2
Mains of Linton 24 A2
Mallaig 10 C1
Malletsheugh 25 D3
Mannofield 24 C2
Markinch 13 D4
Marske-by-the-Sea 5 E3
Marybank 15 F2
Maryhill Glas. 25 D2
Marykirk 13 E2
Marypark 16 C3
Maryport 3 D3
Marywell 13 E1
Marywell (near Portlethen)
Aber. 24 C3
Mastrick 24 B2
Mauchline 7 F3
Maud 17 F3
Maughold 2 C4
Maybole 7 E4
Mealsgate 3 E2
Mearns 25 D3
Meigle 13 D3
Meikle Earnock 25 F3
Meikle Kilmory 7 D2
Meikleour 12 C3
Molmorby 4 A2
Melrose 8 C3
Melsonby 4 C4
Melvaig 14 C1
Melvich 19 D1
Memsie 17 F2
Menstrie 12 B4
Methlick 17 E3
Methven 12 C3
Mey 19 F1
Miabhig 21 D2
Mickleton Dur. 4 B3
Mid Ardlaw 17 F2
Mid Yell 22 C1
Midbea 23 E2
Middleham 4 C4
Middleton 24 B1
Middleton of Potterton 24 C1
Middleton Park 24 C1
Middleton-in-Teesdale 4 B3
Midlem 8 C3
Milfield 9 E3
Mill of Monquich 24 B3
Millden 24 C1
Millhouse 7 D1
Millport 7 D2
Milltimber 24 B2
Milltown of Rothiemay 17 D3
Milnathort 12 C4
Milngavie 7 F1
Milngavie 25 D1
Milovaig 14 A2
Milton High. 15 F3
Milton P.& K. 12 B3
Milton of Campsie 7 F1
Milton of Campsie 25 E1
Milton of Cullerlie 24 A2
Minard 11 E4
Minnigaff 2 B1
Mintlaw 17 F3
Moffat 8 B4
Mollinsburn 25 F1
Moniaive 8 A4
Monifieth 13 E4
Monifieth 24 B4

Monikie 24 B4
Monimail 13 D4
Monreith 2 B2
Montrose 13 E2
Moodiesburn 25 E1
Morar 10 C1
Morebattle 9 D3
Morenish 12 A3
Moresby 3 E3
Morningside Edin. 25 E4
Morpeth 4 C1
Moscow 7 F3
Mossat 17 D4
Mossblown 7 F3
Mossend 25 F2
Mosstodloch 16 C2
Motherwell 8 A2
Motherwell 25 F3
Mountbenger 8 C3
Moy 16 A3
Muchalls 13 F1
Muir of Fowlis 17 D4
Muir of Ord 15 F2
Muirdrum 13 E3
Muirdrum 24 C4
Muirhead Angus 13 D3
Muirhead Angus 24 A4
Muirhead N.Lan. 25 E2
Muirkirk 7 F3
Muirskie 24 B3
Mulben 16 C2
Mundurno 24 C1
Munlochy 16 A2
Murroes 24 B4
Murton 5 D2
Musselburgh 8 C1
Musselburgh 25 F4
Muthill 12 B4
Mybster 19 E2
Myrebird 24 A3

N
Nairn 16 A2
Nateby 4 B4
Noar Sawrey 3 F4
Neilston 7 F2
Nenthead 4 B2
Nerston 25 E3
Netherley 13 F1
Netherley 24 B3
Netherton Nhumb. 9 E4
Nethy Bridge 16 B4
New Abbey 3 D1
New Aberdour 17 E2
New Byth 17 E2
New Cumnock 7 F4
New Deer 17 E3
New Galloway 2 C1
New Leeds 17 F2
New Luce 2 A1
New Pitsligo 17 E2
New Scone 12 C3
Newarthill 25 F3
Newbiggin-by-the-Sea 5 D1
Newbigging 8 A2
Newbigging (East) Angus 24 B4
Newbigging (West) Angus 24 B4
Newbridge Edin. 25 D4
Newburgh Aber. 17 F3
Newburgh Fife 13 D4
Newburn 4 C1
Newby Bridge 3 F4
Newcastle (Woolsington) Airport 4 C1
Newcastle upon Tyne 4 C1
Newcastleton 3 F1
Newcraighall 25 F4
Newhouse 25 F2
Newmachar 17 E3
Newmachar 24 B1
Newmains 8 A2
Newmarket W.Isles 21 F2
Newmill 17 D3
Newmilns 7 F3
Newport High. 19 E3
Newport-on-Tay 13 D3
Newport-on-Tay 24 B5
Newton Arg. & B. 11 E4

Newton Aycliffe 5 D3
Newton Mearns 7 F2
Newton Mearns 25 D3
Newton Stewart 2 B1
Newtonhill 13 F1
Newtonhill 24 C3
Newtonmore 16 A4
Newtown St. Boswells 9 D3
Newtyle 13 D3
Niddrie 25 E4
Nigg 24 C2
Ninemile Bar or Crocketford 3 D1
Nisbet 9 D3
Nitshill 25 D2
Norham 9 E2
North Ballachulish 11 E2
North Berwick 8 C1
North Cowton 5 D4
North Kessock 16 A3
North Middleton 8 C2
North Queensferry 8 B1
North Shields 5 D1
North Sunderland 9 F3
North Tarbothill 24 C1
Northallerton 5 D4
Northfield 24 B2
Norwick 22 C1

O
Oakley Fife 8 A1
Oban 11 D3
Ochiltree 7 F3
Ockle 10 C2
Oddsta 22 C1
Old Aberdeen 24 C2
Old Craighall 25 F4
Old Dailly 7 E4
Old Kinnernie 24 A2
Old Portlethen 24 C3
Oldmeldrum 17 E3
Olgrinmore 19 E2
Ollaberry 22 B2
Onich 11 E2
Ormiston 8 C1
Orrok Ho. 24 C1
Orton 4 A4
Oskaig 14 B3
Otter Ferry 7 D1
Otterburn 9 E4
Otterswick 22 C2
Overbister 23 F2
Overton Aber. 24 A1
Overton C.Ab. 24 B1
Overtown 8 A2
Oxnam 9 D3
Oxton Sc.Bord. 8 C2
Oykel Bridge 15 F1

P
Paisley 7 F2
Palnackie 3 D2
Panbride 24 C4
Parkgate 3 E1
Partick 25 D2
Parton 3 D3
Path of Condie 12 C4
Patna 7 E4
Patterdale 3 F3
Paxton 9 E2
Peebles 8 B2
Peel 2 B4
Pegswood 4 C1
Peinchorran 14 B3
Pencaitland 8 C1
Penicuik 8 B2
Peninver 6 C3
Pennyghael 10 C3
Penpont 8 A4
Penrith 4 A3
Perth 12 C3
Peterculter 17 E4
Peterculter 24 B2
Peterhead 17 F3
Peterlee 5 D2
Pickering 5 F4
Pickletillem 24 B5
Pierowall 23 E2
Pinwherry 2 A1
Pirnmill 6 C2

Pitagowan 12 B2
Pitlochry 12 B2
Pitmedden 17 E3
Pitscottie 13 D4
Pittentrail 16 A1
Pittenweem 13 E4
Plains 25 F2
Plean 8 A1
Polbeth 8 A2
Polloch 11 D2
Pollokshaws 25 D2
Polmont 8 A1
Polnoon 25 D3
Polwarth 9 D2
Ponteland 4 C1
Poolewe 14 C1
Pooley Bridge 3 F3
Port Appin 11 D3
Port Askaig 6 B1
Port Bannatyne 7 D2
Port Driseach 7 D1
Port Ellen 6 A2
Port Elphinstone 24 A1
Port Glasgow 7 E1
Port Henderson 14 C2
Port Logan 2 A2
Port nan Giúran 21 F2
Port nan Long 20 B1
Port Nis 21 F1
Port of Menteith 12 A4
Port William 2 B2
Portencross 7 D2
Portknockie 17 D2
Portlethen 13 F1
Portlethen 24 C3
Portmahomack 16 B1
Portnacroish 11 D2
Portnahaven 6 A2
Portnalong 14 A3
Portnancon 18 B1
Portobello 25 F4
Portpatrick 2 A2
Portree 14 B3
Portsoy 17 E2
Potterton 24 C1
Powburn 9 F3
Powmill 12 C4
Preston Sc.Bord. 9 D2
Prestonpans 8 C1
Prestonpans 25 F4
Prestwick 7 E3
Prestwick International Airport 7 E3
Prudhoe 4 C2

Q
Quarter 25 F3

R
Rafford 16 B2
Rait 13 D3
Ramsey I.o.M. 2 B4
Rathillet 13 D3
Rathillet 24 A5
Ratho 8 B1
Ratho 25 D4
Ratho Station 25 D4
Rattray 12 C3
Ravenglass 3 E4
Rawyards 25 F2
Reay 19 D1
Redcar 5 E3
Redcastle 15 F3
Redford 13 E3
Redhill 24 A2
Redpoint 14 C2
Reiss 19 F2
Renfrew 7 F2
Renfrew 25 D2
Rennington 9 F3
Rescobie 13 E2
Reston 9 E2
Rhiconich 18 B2
Rhu 7 E1
Rhynie 17 D3
Richmond 4 C4
Rickarton 13 F1
Riding Mill 4 C2
Riggend 25 F2
Rigside 8 A3

Ringford 2 C2
Roadside 19 E1
Roadside of Kinneff 13 F1
Roberton *Sc.Bord.* 8 C4
Roberton *S.Lan.* 8 A3
Robin Hood's Bay 5 F4
Rochester *Nhumb.* 9 E4
Rockcliffe 3 D2
Rogart 19 D4
Roghadal 21 D4
Romannobridge 8 B2
Rosedale Abbey 5 E4
Rosehearty 17 F2
Rosemarkie 16 A2
Rosewell 8 B2
Roshven 11 D1
Roskhill 14 A3
Roslin 8 B2
Rothbury 9 E4
Rothes 16 C3
Rothesay 7 D2
Rothiesholm 23 F3
Rowlands Gill 4 C2
Roybridge 11 F1
Rutherend 25 E3
Rutherglen 7 F2
Rutherglen 25 E2
Ruthrieston 24 C2

S

Sacriston 4 C2
Saddell 6 C3
Saighdinis 20 B1
St. Abbs 9 E1
St. Andrews 13 E4
St. Bees 3 D3
St. Combs 17 F2
St. Cyrus 13 F2
St. Fergus 17 F2
St. Fillans 12 A3
St. John's Chapel 4 B2
St. John's Town of Dalry 2 C1
St. Margaret's Hope 23 E4
St. Mary's 23 E3
St. Monans 13 E4
Salen *Arg. & B.* 10 C3
Salen *High.* 11 D2
Saline 8 A1
Salmond's Muir 24 C4
Salsburgh 8 A2
Saltburn-by-the-Sea 5 E3
Saltcoats 7 E3
Sanaigmore 6 A1
Sandgarth 23 E3
Sandhead 2 A2
Sandness 22 A3
Sandsend 5 F3
Sandwick 22 B4
Sandygate 2 B4
Sanquhar 8 A4
Satley 4 C2
Scalasaig 10 B4
Scalby 5 F4
Scalloway 22 B3
Scapa 23 E3
Scarborough 5 F4
Scarinish 10 A3
Sconser 14 B3
Scorton 4 C4
Scotch Corner 4 C4
Scotton 4 C4
Scourie 18 A2
Scousburgh 22 B4
Scrabster 19 E1
Scremerston 9 E2
Seaham 5 D2
Seahouses 9 F3
Seamill 7 E2
Seascale 3 E4
Seaton *Cumb.* 3 E3
Seaton Delaval 5 D1
Seaton Sluice 5 D1
Sedbergh 4 A4
Sedgefield 5 D3
Seghill 5 D1
Selkirk 8 C3
Sellafield 3 E4
Sellafirth 22 C1
Setter 22 B3
Sgiogarstaigh 21 F1

Shap 4 A3
Sherburn 5 D2
Shettleston 25 E2
Shiel Bridge 15 D4
Shieldaig 14 C2
Shilbottle 9 F4
Shildon 4 C3
Shinness Lodge 18 C3
Shiremoor 5 D1
Shotts 8 A1
Siabost 21 E1
Silloth 3 E2
Siulaisiadar 21 F2
Skaill (East Coast) *Ork.* 23 F3
Skaill (West Coast) *Ork.* 23 D3
Skaw 22 C2
Skelmorlie 7 E2
Skelton 5 E3
Skelwick 23 E2
Skerray 18 C1
Skipness 6 C2
Slamannan 8 A1
Sleights 5 F4
Sligachan 14 B3
Smailholm 9 D3
Solas 20 B1
Sorbie 2 B2
Sorisdale 10 B2
Sorn 7 F3
South Bank 5 E3
South Hetton 5 D2
South Kirkton 24 A2
South Queensferry 8 B1
South Queensferry 25 D4
South Shields 5 D1
Southdean 9 D4
Southend *Arg. & B.* 6 C4
Spean Bridge 11 F1
Spennymoor 5 D3
Spey Bay 16 C2
Spinningdale 16 A1
Spittal 19 E2
Spittal of Glenshee 12 C2
Springburn 25 E2
Springholm 3 D1
Springside 7 E3
Stadhlaigearraidh 20 A2
Staffin 14 B2
Staindrop 4 C3
Staintondale 5 F4
Stalling Busk 4 B4
Stamfordham 4 C1
Stand 25 F2
Stane 8 A2
Stanhope 4 B2
Stanley *Dur.* 4 C2
Stanley *P. & K.* 12 C3
Stannington *Nhumb.* 4 C1
Startforth 4 C3
Stenhousemuir 8 A1
Stenness 22 A2
Stenton 9 D1
Stepps 25 E2
Stevenston 7 E3
Stewarton 7 E2
Stichill 9 D3
Stirling 8 A1
Stobo 8 B3
Stocksfield 4 C2
Stockton-on-Tees 5 D3
Stoer 18 A3
Stokesley 5 E4
Stonefield *S.Lan.* 25 E3
Stonehaven 13 F1
Stonehouse *S.Lan.* 8 A2
Stoneykirk 2 A2
Stoneywood 24 B1
Stornoway 21 F2
Stow 8 C2
Strachan 13 E1
Strachur 11 E4
Straloch 12 C2
Stranraer 2 A2
Strathaven 7 F2
Strathblane 7 F1
Strathdon 16 C4
Strathmiglo 12 C3
Strathpeffer 15 F2
Strathy 19 D1

Strathyre 12 A4
Strichen 17 F2
Stromeferry 14 C3
Stromness 23 D3
Stronachlachar 11 F4
Strone 7 E1
Strontian 11 D2
Stuartfield 17 F3
Sumburgh 22 A4
Sunderland 5 D2
Sunnyside 24 B3
Swinton *Sc.Bord.* 9 E2
Symbister 22 C3
Symington *S.Ayr.* 7 E3
Symington *S.Lan.* 8 A3
Syre 18 C2

T

Tabost 21 F1
Tain 16 A1
Talisker 14 A3
Talladale 15 D2
Tannadice 13 E2
Tannochside 25 F2
Taobh Tuath 21 D3
Tarbert (Jura) *Arg. & B.* 6 B1
Tarbert (Kintyre) *Arg. & B.* 6 C2
Tarbet 11 F4
Tarbolton 7 F3
Tarfside 13 E1
Tarrel 16 B1
Tarves 17 E3
Tavelty 24 A1
Tayinloan 6 C2
Taynuilt 11 E3
Tayport 13 D3
Tayport 24 B5
Tayvallich 6 C1
Teangue 14 C4
Tebay 4 A4
Tees-side Airport 5 D3
Temple Sowerby 4 A3
Teviothead 8 C4
Thainstone 24 A1
The Birks 24 A2
The Neuk 24 A3
Thornaby-on-Tees 5 D3
Thornhill *D. & G.* 8 A4
Thornhill *Stir.* 12 A4
Thornley 5 D2
Thornliebank 25 D3
Thornton *Fife* 13 D4
Thorntonhall 25 D3
Threlkeld 3 F3
Thriepley 24 A4
Thropton 9 E4
Thrumster 19 F2
Thursby 3 F2
Thurso 19 E1
Thwaite 4 B4
Tibbermore 12 C3
Tighnabruaich 7 D1
Tillicoultry 12 B4
Tillyfourie 17 D4
Timsgearraidh 21 D2
Tingwall 23 E3
Toab 22 B4
Tobermory 10 C2
Toberonochy 11 D4
Todhills 24 B4
Toft 22 B2
Togston 9 F4
Tolastadh a'Chaolais 21 E2
Tolastadh Ur 21 F1
Toll of Birness 17 F3
Tollcross 25 E2
Tomatin 16 A3
Tomich 16 A2
Tomintoul 16 C4
Tomnavoulin 16 C3
Tongland 2 C2
Tongue 18 C2
Tore 15 F2
Tormore 6 C3
Torphichen 8 A1
Torphins 17 D4
Torrance 7 F1
Torrance *E.Dun.* 25 E1
Torrance *S.Lan.* 25 E3

Torridon 15 D2
Torrin 14 B4
Torry 24 C2
Torthorwald 3 E1
Torver 3 F4
Toscaig 14 C3
Tow Law 4 C2
Town Yetholm 9 E3
Townhead of Greenlaw 3 D1
Tranent 8 C1
Tressait 12 B2
Trimdon 5 D3
Trinity 13 E2
Trochry 12 C3
Troon 7 E3
Troutbeck 3 F4
Troutbeck Bridge 3 F4
Tummel Bridge 12 B2
Tunga 21 F2
Turnberry 7 E4
Turriff 17 E2
Twatt 23 D3
Twechar 7 F1
Twechar 25 E1
Tweedmouth 9 E2
Tweedsmuir 8 B3
Twynholm 2 C2
Tyndrum 11 F3
Tynemouth 5 D1

U

Uachdar 20 B2
Uddingston 7 F2
Uddingston 25 E2
Uddington 8 A3
Uig 14 B2
Ulbster 19 F2
Ulgham 9 F4
Ullapool 15 D1
Ulpha 3 E4
Ulsta 22 B2
Unapool 18 B2
Upper Burnhaugh 24 B3
Upper Knockando 16 C3
Upper Victoria 24 C4
Urafirth 22 B2
Ushaw Moor 4 C2
Uyeasound 22 C1

V

Valsgarth 22 C1
Veensgarth 22 B3
Vidlin 22 C2
Viewpark 7 F2
Viewpark 25 F2
Voe 22 B2

W

Walls 22 B3
Wallsend 5 D1
Wallyford 25 F4
Warcop 4 A3
Wark 4 B1
Warkworth 9 F4
Warwick Bridge 3 F2
Wasbister 23 E2
Washington *T. & W.* 5 D2
Watchgate 4 A4
Waterbeck 3 F1
Waterfoot *E.Renf.* 25 D3
Waterside *E.Dun.* 25 E1
Watten 19 F2
Wattston 25 F2
Weem 12 B2
Wellbank 24 B4
Wemyss Bay 7 E1
Wensley 4 C4
West Auckland 4 C3
West Calder 8 A2
West Kilbride 7 E2
West Linton 8 B2
West Park 24 A3
West Tarbert 6 C2
West Yell 22 B2
Wester Fintray 24 B1
Wester Ord 24 B2
Westerdale 19 E2
Westerton 24 A3
Westgate 4 B2
Westhill 17 E4

Westhill *Aber.* 24 B2
Westness 23 E2
Westnewton 3 E2
Westruther 9 D2
Westside 24 B3
Wetheral 3 F2
Whalton 4 C1
Whauphill 2 B2
Wheatley Hill 5 D2
Whickham 4 C1
Whifflet 25 F2
Whitburn *W.Loth.* 8 A2
Whitby *N.Yorks.* 5 F3
Whitecairns 24 C1
Whitecraig 8 C1
Whitecraig 25 F4
Whitehall 23 F2
Whitehaven 3 D3
Whitehills 17 E2
Whiterashes 17 E4
Whithorn 2 B2
Whiting Bay 7 D3
Whitley Bay 5 D1
Whittingham 9 E4
Wick *High.* 19 F2
Wigton 3 F2
Wigtown 2 B2
Willington *Dur.* 4 C3
Winchburgh 8 B1
Windermere 3 F4
Windygates 13 D4
Wingate 5 D2
Winston 4 C3
Winton 4 B3
Wishaw *N.Lan.* 8 A2
Wishaw *N.Lan.* 25 F3
Witton Gilbert 4 C2
Wolsingham 4 C2
Woodhaven 24 B5
Woodland 4 C3
Woodside 24 C2
Wooler 9 E3
Workington 3 E3
Wormit 13 D3
Wormit 24 A5
Wrelton 5 F4

Y

Yarm 5 D3
Yarrow 8 C3
Yetts o' Muckhart 12 C4
Yoker 25 D2

Abbreviations used in town plan indexes

All.	Alley
App.	Approach
Arc.	Arcade
Av.	Avenue
Bk.	Bank
Bldgs.	Buildings
Boul.	Boulevard
Bri.	Bridge
Cen.	Central/Centre
Cft.	Croft
Ch.	Church
Circ.	Circle/Circus
Clo.	Close
Coll.	College
Cor.	Corner
Cotts.	Cottages
Cres.	Crescent
Ct.	Court
Dr.	Drive
E.	East
Esp.	Esplanade
Est.	Estate
Ex.	Exchange
Fm.	Farm
Gdn.	Garden
Gdns.	Gardens
Gra.	Grange
Grn.	Green
Gro.	Grove
Ho.	House
Hos.	Hospital
Ind.	Industrial
Junct.	Junction
La.	Lane
Ln.	Loan
Mkt.	Market
Ms.	Mews
Mt.	Mount
N.	North
Par.	Parade
Pk.	Park
Pl.	Place
Quad.	Quadrangle
Rd.	Road
Ri.	Rise
S.	South
Sch.	School
Sq.	Square
St.	Street
Ter.	Terrace
Twr.	Tower
Vills.	Villas
Vw.	View
W.	West
Wd.	Wood
Wds.	Woods
Wf.	Wharf
Wk.	Walk
Wks.	Walks
Yd.	Yard

A street name followed by the name of another street in italics does not appear on the map but will be found adjoining or near the latter.

32 - 35 Maps/36 - 37 Index
Scale: 3.5 ins to 1mile

Tower Block	■
Sec.School	△
Prim/Inf. Schs.	▲
Parking	P

ABERDEEN

38 - 39 Maps/40 - 41 Index
Scale: 4.6 ins to 1mile

School	▲ △
Church	+
Pol/Fire Sta.	P F
Parking	P

DUNDEE

42 - 49 Maps/50 - 55 Index
Scale: 4.2 ins to 1mile

Tower Block	▬
Sec.School	▲
Prim/Inf. Schs.	△
Pol/Fire Sta.	P F
Taxi	T

EDINBURGH

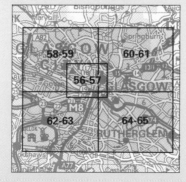

56 - 65 Maps/66 - 72 Index
Scale: 3.1ins to 1mile
Inset: 6.3ins to 1mile

Tower Block	▬
Sec.School	▲
Prim/Inf. Schs.	△
Pol/Fire Sta.	P F

GLASGOW

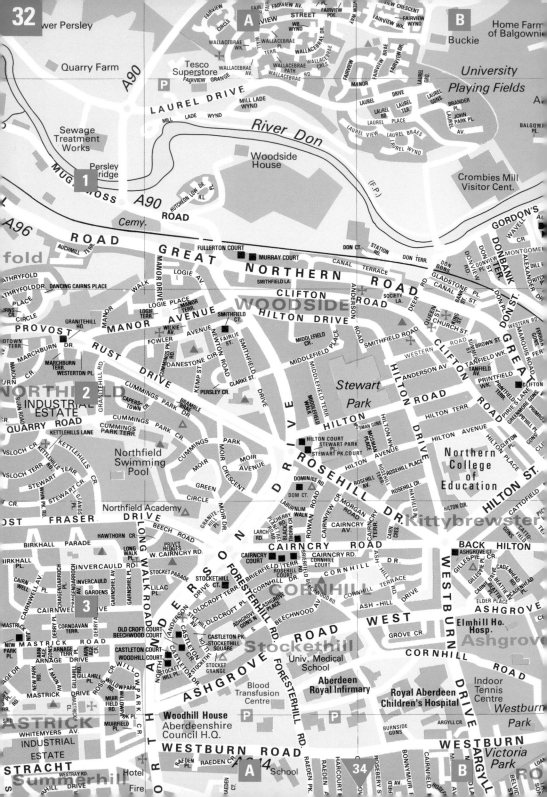

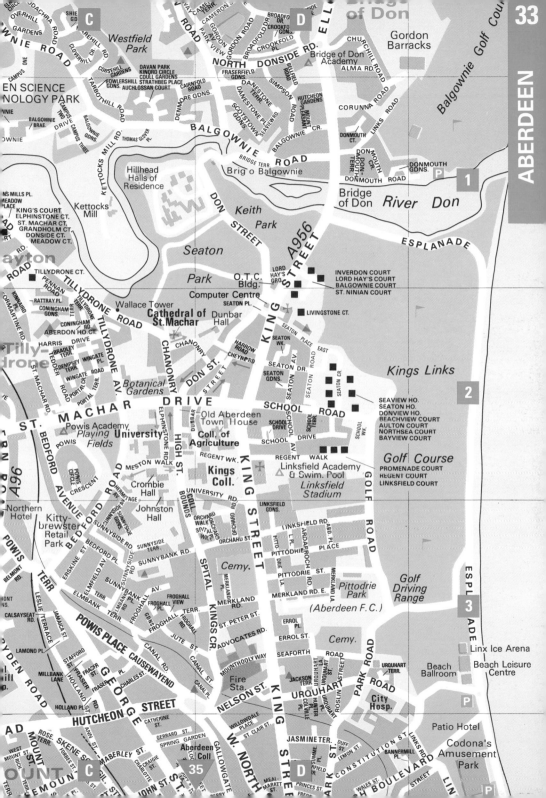

Street	Pg	Grid
Abbotsford La.	35	C2
Abbotsford Pl.	35	C2
Ferryhill Rd.		
Aberdeen Science	32	B1
& Technology Pk.		
Aberdon Ho. Ct.	33	C2
Abergeldie Rd.	34	B3
Abergeldie Ter.	34	B3
Academy St.	35	D2
Adelphi La.	35	D1
Union St.		
Advocates Rd.	33	D3
Affleck Pl.	35	D2
Affleck St.		
Affleck St.	35	D2
Albert Basin	35	D2
Albert La.	34	B1
Albert Pl.	34	B1
Albert St.		
Albert Quay	35	D2
Albert St.	34	B1
Albert Ter.	34	B2
Albert Wk.	34	B2
Carden Pl.		
Albury Gdns.	35	C2
Albury Rd.		
Albury Pl.	35	C2
Albury Rd.	35	C2
Albyn Gro.	34	B2
Albyn La.	35	C2
Albyn Pl.	34	B2
Albyn Ter.	34	B2
Alexander Dr.	32	B1
Alexander Ter.	33	C2
Alford La.	35	C2
Holburn St.		
Alford Pl.	35	C2
Allan St.	34	B2
Allenvale Gdns.	35	C3
Allenvale Rd.	35	C3
Anderson Av.	32	B2
Anderson Dr.	34	A2
Anderson Rd.	32	A2
Ann St.	35	C1
Annfield Ter.	34	B2
Ardarroch Pl.	33	D3
Ardarroch Rd.	33	D3
Argyll Cres.	34	B1
Argyll Pl.	34	B1
Ash-hill Dr.	32	B3
Ash-hill Rd.	32	B3
Ash-hill Way	32	B3
Ashgrove Ct.	32	B3
Ashgrove Gdns. N.	32	A3
Ashgrove Gdns. S.	32	A3
Ashgrove Pl.	32	A3
Ashgrove Rd.	32	B3
Ashgrove Rd. W.	32	A3
Ashley Gdns.	34	B2
Ashley La.	34	B2
Ashley Pk. Dr.	34	B2
Ashley Pk. N.	34	B2
Ashley Pk. S.	34	B2
Ashley Rd.	34	B2
Ashvale Ct.	35	C2
Holburn St.		
Ashvale Pl.	34	B2
Auchinleck Cres.	32	B1
Auchinleck Rd.	32	B1
Auchlossan Ct.	33	C1
Aulton Ct.	33	D2
B		
Back Hilton Rd.	32	B3
Back Wynd	35	D1
Baker Pl.	35	C1
Baker St.		
Baker St.	35	C1
Balgownie Brae	33	D1
Balgownie Ct.	33	D1
Balgownie Cres.	33	D1
Balgownie Gdns.	33	C1
Balgownie Pl.	32	B1
Balgownie Rd.	33	D1
Balgownie Way	33	C1
Balmoral Ct.	35	C3
Balmoral Pl.	34	B3
Balmoral Rd.	35	C3
Balmoral Ter.	34	B3
Broomhill Rd.		
Balnagask Rd.	35	D3
Bank St.	35	D2
Bank St. (Woodside)	32	B2
Bannermill Pl.	35	D1
Barron St.	32	B2
Sandilands Dr.		
Bath St.	35	C1
Windmill Brae		
Battock Pl.	35	D3
Bayview Ct.	33	D2
Bayview Rd.	34	A2
Bayview Rd. S.	34	A2
Beach Boul.	35	D1
Beachview Ct.	33	D2
Beaconsfield Pl.	34	B2
Beattie Av.	32	B3
Beattie Pl.	32	B3
Bedford Av.	33	C2
Bedford Pl.	33	C3
Bedford Rd.	33	C3
Beech Rd.	32	A3
Beechgrove Av.	34	B1
Beechgrove Gdns.	34	B1
Beechgrove Pl.	34	B1
Beechgrove Ter.	34	B1
Beechwood Av.	32	A3
Beechwood Ct.	32	A3
Cornhill Ter.		
Beechwood Rd.	32	A3
Belgrave Ter.	34	B1
Belmont Gdns.	33	C3
Belmont Rd.	33	C3
Belvidere Cres.	34	B1
Belvidere St.	34	B1
Berry St.	35	D1
Berryden Rd.	33	C3
Bethany Gdns.	34	B2
Birch Rd.	32	A3
Rowan Rd.		
Blackfriars St.	35	C1
Blacks La.	35	D2
Blackthorn Cres.	32	A3
Blaikies Quay	35	D2
Blenheim Pl.	34	B1
Bloomfield Pl.	35	C3
Bloomfield Rd.	35	C3
Bon Accord Cres.	35	C2
Bon Accord Cres. La.	35	C2
Bon Accord La.	35	C2
Bon Accord Sq.	35	C2
Bon Accord St.	35	C2
Bon Accord Ter.	35	C2
Bonnymuir Pl.	34	B1
Botanical Gdns.	33	C2
Bradley Ter.	33	C2
Braefoot Rd.	32	B3
Ash-hill Dr.		
Braemar Pl.	34	B3
Braeside Pl.	34	A3
Braeside Ter.	34	A3
Bramble Brae	32	A2
Brander Pl.	32	A2
Brewery La.	33	C2
High St.		
Bridge of Don	33	C1
Bridge Pl.	35	C1
Bridge St.		
Bridge St.	35	C1
Bridge Ter.	35	D1
Brierfield Rd.	32	A3
Brierfield Ter.	32	A3
Brig o' Balgownie	33	D1
Bright St.	35	C3
Brighton Pl.	34	B2
Brimmond Pl.	35	D3
Broad St.	35	D1
Broomhill Av.	34	B3
Broomhill Pl.	34	B3
Broomhill Av.		
Broomhill Rd.	34	B3
Broomhill Ter.	34	B3
Broomhill Av.		
Brown St.	32	B2
Brunswick St.	35	C3
Burnett Pl.	32	B2
Burns Gdns.	34	A2
Burns Rd.	34	B2
Burnside Gdns.	34	B1
C		
Cadenhead Pl.	32	B3
Cadenhead Rd.	32	B3
Cairnaquheen Gdns.	34	A1
Cairnaquheen Pl.	34	A1
Cairnaquheen Gdns.		
Cairncry Av.	32	A3
Cairncry Ct.	32	A3
Cairncry Cres.	32	A3
Cairncry Rd.	32	A3
Cairncry Ter.	32	B3
Cairnfield Pl.	34	B1
Cairnfold Rd.	33	C1
Cairnview Cres.	32	B1
Caledonian Brae	35	C2
Caledonian La.	35	C2
Caledonian Pl.	35	C2
Calsayseat Rd.	33	C3
Camperdown Rd.	34	B1
Campus One	33	C1
Campus Three	33	C1
Campus Two	33	C1
Canal Pl.	33	C3
Canal Rd.	33	C3
Canal St.	33	D3
Canal St. (Woodside)	32	B1
Canal Ter.	32	A1
Candlemakers La.	35	D1
Loch St.		
Carden Pl.	34	B2
Carlton Pl.	34	B1
Carmelite La.	35	D1
Hadden St.		
Carmelite St.	35	D1
Carnegie Cres.	34	A2
Carnegie Gdns.	34	A2
Carnie Dr.	32	B3
Caroline Apartments	35	C1
Forbes St.		
Caroline Pl.	35	C1
Castle St.	35	D1
Castle Ter.	35	D1
Castle St.		
Castlehill	35	D1
Hanover St.		
Castleton Cres.	32	A3
Castleton Dr.	32	A3
Castleton Pk.	32	A3
Catherine St.	35	C1
Cattofield Gdns.	32	B3
Cattofield Pl.	32	B3
Cattofield Ter.	32	B3
Causewayend	33	C3
Cedar Pl.	32	B3
Chanonry	33	C2
Chapel St.	35	C1
Charles St.	33	C3
Charlotte Gdns.	35	C1
Charlotte St.		
Charlotte Pl.	35	C1
Charlotte St.		
Charlotte St.	35	C1
Chattan Pl.	34	B2
Cherry Rd.	32	A3
Chestnut Row	32	B3
Cheyne Rd.	33	D2
Church St.	35	D2
Claremont Gro.	34	B2
Claremont Pl.	34	B2
Claremont St.	34	B2
Clarke St.	32	A2
Clark's La.	33	C2
Dunbar St.		
Clifton La.	32	B2
Clifton Pl.	32	B2
Clifton Rd.	32	B2
Clyde St.	35	D2
College Bounds	33	C2
College St.	35	D2
Colville Pl.	33	D3
Commerce St.	35	D1
Commercial Quay	35	D2
Coningham Gdns.	33	C2
Coningham Rd.	33	C2
Constitution Ct.	35	D1
Constitution St.		
Constitution St.	35	D1
Cornhill	32	A3
Cornhill Ct.	32	A3
Cornhill Dr.	32	A3
Cornhill Gdns.	32	A3
Brierfield Rd.		
Cornhill Rd.	32	B3
Cornhill Sq.	32	B3
Ash-hill Rd.		
Cornhill Ter.	32	A3
Cornhill Way	32	A3
Correction Wynd	35	D1
Corunna Rd.	33	D1
Cotton St.	35	D1
Coull Gdns.	33	C1
Craibstone S. E.	35	C2
Craibstone St. S.	35	C2
Bon Accord Sq.		
Craibstone St. W.	35	C2
Bon Accord Sq.		
Craig Pl.	35	D2
Menzies Rd.		
Craigie Loanings	34	B1
Craigie Pk.	34	B1
Craigie St.	35	C1
Craigielea Av.	34	A3
Craigton Av.	34	A3
Craigton Pk.	34	A3
Craigton Ter.	34	A3
Cranford Pl.	34	B3
Cranford Rd.	34	B3
Cranford Ter.	34	A3
Crathie Gdns. W.	35	C3
Hardgate		
Crathie Ter.	35	C3
Crimon Pl.	35	C1
Crombie Rd.	35	D2
Cromwell Gdns.	34	A2
Cromwell Rd.	34	A2
Crooked La.	35	C1
Crown La.	35	C2
St. John's Pl.		
Crown St.	35	C2
Crown Ter.	35	C2
Cummings Pk.	32	A2
Cummings Pk.	32	A2
Circle		
Cummings Pk. Rd.	32	A2
Cuparstone Ct.	35	C2
Holburn St.		
Cuparstone Row	35	C2
D		
Danestone Circle	32	A2
Danestone Ho.	32	B1
Danestone Pl.	33	D1
Danestone Ter.	33	D1
Dee Pl.	35	C2
Dee St.	35	C2
Deemount Av.	35	C3
Deemount Gdns.	35	C3
Deemount Rd.	35	C3
Deer Rd.	32	B2
Dempsey Ter.	34	A2
Denburn Ct.	35	C1
Gilcomston Pk.		
Denburn Rd.	35	C1
Denmore Gdns.	33	C1
Denmore Rd.	33	C1
Desswood Pl.	34	B1
Devanha Cres.	35	C2
Devanha Gdns.		
Devanha Gdns.	35	C3
Devanha Gdns. S.	35	C3
Devanha La.	35	C3
Devanha Gdns.		
Devanha Ter.	35	D2
Devonshire Rd.	34	B2
Diamond La.	35	C1
Diamond St.		
Diamond St.	35	C1
Dill Pl.	32	B1
Dill Rd.	32	B1
Dominies Rd.	32	A2
Don Ct.	32	B1
Don Gdns.	32	B1
Don Pl.	32	B1
Don St. (Old Aberdeen)	33	D1
Don St. (Woodside)	32	B1
Don Ter.	32	B1
Donbank Ter.	32	B1
Donmouth Ct.	33	D1
Donmouth Cres.	33	D1
Donmouth Rd.	33	D1
Donmouth Ter.	33	D1
Donside Ct.	33	C1
Donview Ho.	33	D2
Donview Pl.	32	B1
Donview Rd.	32	B1
Douglas La.	33	C2
High St.		
Duff St.	35	D1
Dunbar St.	33	C2
Duncan's Pl.	33	C2
High St.		
Duthie Pl.	35	C3
Duthie Rd.	35	C3
Duthie Ter.	34	B3
E		
Earls Ct. Gdns.	34	A2
East Grn.	35	D1
The Grn.		
East N. St.	35	D1
Eden Pl.	35	C1
Rosemount Pl.		
Edgehill Rd.	34	A1
Edgehill Ter.	34	A1
Elder Pl.	32	B3
Elm Pl.	32	B3
Elmbank Rd.	33	C3
Elmbank Ter.	33	C3
Elmfield Av.	33	C3
Elmfield Ter.	33	C3
Elphinstone Ct.	33	C1
Elphinstone Rd.	33	C2
Errol Pl.	33	D3
Errol St.	33	D3
Erskine St.	33	C3
Esslemont Av.	35	C1
Exchange St.	35	D1
Exchequer Row	35	D1
Shiprow		
F		
Fairlie St.	32	A2
Fairview Manor	32	A1
Farmers Hall La.	35	C1
Kintore Pl.		
Fernie Brae	35	D3
Ferrier Cres.	32	B2
Ferrier Gdns.	32	B2
Ferryhill Gdns.	35	C2
Ferryhill Ter.		
Ferryhill La.	35	C2
Ferryhill Pl.	35	C2
Ferryhill Rd.	35	C2
Ferryhill Ter.	35	C2
Flourmill La.	35	D1
Fonthill Gdns. E.	35	C3
Fonthill Gdns. W.	35	C3
Fonthill Rd.	35	C2
Fonthill Ter.	35	C2
Forbes St.	35	C1
Forbesfield La.	34	B2
Forbesfield Rd.	34	B2
Forest Av.	34	B2
Forest Rd.	34	A2
Foresterhill Ct.	34	B1
Burnside Gdns.		
Foresterhill Rd.	32	A3
Formartine Rd.	33	C2
Fountainhall Rd.	34	B1
Fowler Av.	32	A2
Fowlershill Gdns.	33	C1
Fraser Pl.	33	C3
Fraser Rd.	33	C3
Fraser St.	33	C3
Frederick St.	35	D1
Froghall Av.	33	C3
Froghall Gdns.	33	C3
Froghall Pl.	33	C3
Froghall Rd.	33	C3
Froghall Ter.	33	C3
Froghall Vw.	33	C3
Fullerton Ct.	32	A1
G		
Gaelic La.	35	D1
Back Wynd		
Gairn Circle	35	C3
Gairn Cres.	35	C3
Gairn Rd.	35	C3
Gairn Ter.	35	C3
Gallowgate	35	D1
George St.	33	C3
Gerrard St.	35	C1
Gilcomston Land	35	C1
Kidd St.		
Gilcomston Pk.	35	C1
Gilcomston Steps	35	C1
Gillespie Cres.	32	B3
Gillespie Pl.	32	B3
Girdleness Rd.	35	D3
Girdleness Ter.	35	D3
Gladstone Pl.	34	B1
Gladstone Pl.	32	B1
(Woodside)		
Glenbervie Rd.	35	D2
Glendale Ms.	35	C2
Union Glen		
Golden Sq.	35	C1
Golf Rd.	33	D2
Gordon La.	34	A3
Gordon St.	35	C2
Gordon Ter.	34	A3
Gordondale Ct.	34	B1
Gordondale Rd.	34	B1
Gordon's Mills Cres.	32	B1
Gordon's Mills Rd.		
Gordon's Mills Pl.	33	C1
Gordon's Mills Rd.	32	B1
Gort Rd.	33	C1
Grampian Circle	35	D3
Grampian La.	35	D2
Grampian Pl.	35	D3
Grampian Rd.	35	D3
Grandholm St.	32	B1
Church St.		
Granitehill Pl.	32	A3
Granton Pl.	34	B2
Grant's Pl.	33	C2
High St.		
Granville Pl.	34	B3
Gray St.	34	B3
Great Northern Rd.	32	B2
Great Western Pl.	34	B2
Great Western Rd.	34	B2
Green, The	35	D1
Greenmore Gdns.	33	D3
Greenwell Rd.	35	D3
Greig Ct.	35	C1
Hutcheon St.		
Grosvenor Pl.	34	A2
Grosvenor Ter.	35	C1
Grosvenor Pl.		
Grove Cres.	32	B3
Guild St.	35	D2
H		
Hadden St.	35	D1
Hamilton Pl.	34	B1
Hammerfield Av.	34	B3
Hammersmith Rd.	34	B3
Hanover St.	35	D1
Harcourt Rd.	34	A1
Hardgate	35	C2
Hardgate La.	35	C2
Hardgate		
Harlaw Pl.	34	A2
Harlaw Rd.	34	A2
Harlaw Ter.	34	A2
Harriet St.	35	C1
Harris Dr.	33	C2
Harrow Rd.	33	D2
Hartington Rd.	34	B2
Hayfield Cres.	32	B3
Hayfield Pl.		
Hayfield Pl.	32	B2
Hayton	33	C1
Hayton Rd.	33	C1
Hermitage Av.	33	C2
High St.	33	C2
Highgate Gdns.	35	C3
Deemount Rd.		
Hill of Rubislaw	34	A2
Hill St.	35	C1
Hillcrest Pl.	32	A2
Hillview Gdns.	35	D3
Hilton Av.	32	A2
Hilton Circle	32	B3
Hilton Ct.	32	A2
Hilton Dr.	32	A2
Hilton Pl.	32	A2
Hilton Rd.	32	A2
Hilton St.	32	B3
Hilton Ter.	32	B2
Hilton Wk.	32	B2
Holburn Pl.	35	C2
Holburn Rd.	34	B2
Holburn St.	35	C2
Holland Pl.	33	C3
Holland St.	33	C3
Hollybank Pl.	34	B2
Hosefield Av.	34	B1
Hosefield Rd.	34	B1
Howburn Pl.	34	B2
Hunter Pl.	33	D3
Huntly St.	35	C1
Hutcheon Ct.	35	C1
Hutcheon St.		
Hutcheon Gdns.	33	D1
Hutcheon Low Dr.	32	A1
Hutcheon Low Pl.	32	A1
Hutcheon St.	35	C1
Hutchison Ter.	34	A3
I		
Inverden Ct.	33	D1
Irvine Pl.	34	B3
J		
Jacks Brae	35	C1
Jackson Ter.	33	D3
Jamaica St.	33	C3
James St.	35	D1
Jamiesons Quay	35	D2
Jasmine Pl.	35	D1
Jasmine Ter.		
Jasmine Ter.	35	D1
Jasmine Way	35	D1
Jasmine Ter.		
John Pk. Pl.	32	B1
John St.	35	C1
Jopp's La.	35	C1
Justice Mill Brae	35	C2
Justice Mill La.	35	C2
Justice St.	35	D1
Jute St.	33	C3
K		
Kemp St.	32	A2
Kenfield Cres.	34	A3
Kenfield Pl.	34	A3
Kepplestone Av.	34	A2
Kerloch Gdns.	35	D3
Kerloch Pl.	35	D3
Kettocks Mill	33	C1
Kettocks Mill Rd.	33	C1
Kidd St.	35	C1
King George VI Bri.	33	C3
King St.	33	D3
King St.	32	B2
(Woodside)		
King's Ct.	33	C1
Kings Cres.	33	C3
Kings Cres Av.	34	A1
Kings Gate	34	A1
Kingshill Av.	34	A1
Kingshill Rd.	34	A1
Kingshill Ter.	34	A1
Kingshill Rd.		
Kinnaird Pl.	33	C2
Kintore Gdns.	35	C1
Kintore Pl.	35	C1
Kintore Pl.	35	C1
Kirkhill Rd.	35	D3
Kittybrewster	32	B2
L		
Laburnum Wk.	32	A3
Lamond Pl.	33	C3
Langstane Pl.	35	C2
Larch Rd.	32	A3
Laurel Av.	32	B1
Laurel Braes	32	B1
Laurel Dr.	32	B1
Laurel Gdns.	32	B1

Laurel Gro. 32 B1
Laurel Pl. 32 B1
Laurel Rd. 32 B1
Laurel Ter. 32 B1
Laurel Vw. 32 A1
Laurel Wynd 32 B1
Laurelwood Av. 32 B1
Leadside Rd. 35 C1
Learney Pl. 34 B2
Lemon Pl. 35 D1
Park St.
Lemon St. 35 D1
Leslie Pl. 32 B2
Leslie Ter. 33 C3
Lilac Pl. 32 A3
Lilybank Pl. 32 B2
Links Rd. 33 D1
Linksfield Ct. 33 D2
Linksfield Gdns. 33 D3
Linksfield Pl. 33 D3
Pittodrie Pl.
Linksfield Rd. 33 D3
Little Belmont St. 35 C1
Belmont St.
Little Chapel St. 35 C1
Chapel St.
Littlejohn St. 35 D1
Livingstone Ct. 33 D2
Loanhead Pl. 34 B1
Loanhead Ter. 34 B1
Loch St. 35 C1
Logie Av. 32 A1
Logie Gdns. 32 A1
Logie Av.
Logie Pl. 32 A2
Logie Ter. 32 A2
Lord Hay's Ct. 33 D1
Lord Hay's Gro. 33 D1
Louisville Av. 34 A2
Lower Denburn 35 C1
Woolmanhill

M
Maberly St. 35 C1
Mackie Pl. 35 C1
Mannofield 34 A3
Manor Dr. 32 A1
Manor Ter. 32 A2
Margaret Pl. 34 B3
Margaret St. 35 C1
Rose St.
Marine La. 35 C2
Abbotsford La.
Marine Pl. 35 C2
South Crown St.
Marine Ter. 35 C2
Marischal Ct. 35 U1
Commerce St.
Marischal St. 35 D1
Market St. 35 D1
Marquis Rd. 32 B2
Martin's La. 35 D1
The Grn.
Maryville Pk. 34 A1
North Anderson Dr.
Maryville Pl. 34 A1
North Anderson Dr.
Marywell St. 35 C2
Mayfield Gdns. 34 A2
Meadow Ct. 33 C1
Meadow La. 32 B1
Gordon's Mills Rd.
Meadow Pl. 33 C1
Mealmarket St. 35 D1
Mearns St. 35 D1
Menzies Rd. 35 D2
Merkland La. 33 D3
Merkland Pl. 33 D3
Merkland Rd. 33 D3
Merkland Rd. E. 33 D3
Meston Wk. 33 C2
Mid Stocket 34 A1
Mid Stocket Rd. 34 A1
Midchingle Rd. 35 D2
Middlefield Cres. 32 A2
Middlefield Pl. 32 A2
Middlefield Ter. 32 A2
Middlefield Wk. 32 A2
Mile-End Av. 34 B1
Mile-End Pl. 34 B1
Mill Ct. 32 B1
Mill Lade Wynd 32 A1
Millbank La. 33 C3
Millburn St. 35 D2
Miller St. 35 D1
Minister La. 35 C1
Summer St.
Moir Av. 32 A2
Moir Cres. 32 A2
Moir Dr. 32 A3
Moir Grn. 32 A2
Montgomery Cres. 32 B1
Montgomery Rd.
Montgomery Rd. 32 B1
Moray Pl. 34 A1
Morgan Rd. 32 A3
Morningfield Rd. 34 A1
Morningside Gdns. 34 B3
Morningside Gro. 34 B3
Morningside Rd.
Morningside Pl. 34 A3
Morningside Rd. 34 A3
Morningside Ter. 34 A3
Morven Pl. 35 D3
Mosman Gdns. 32 B2
Mosman Pl. 32 B2
Mount Pleasant 33 D1
Mount St. 35 C1
Mounthooly 33 D3
Mountview Gdns. 35 C1
Mount St.
Murray Ct. 32 A1
Murray Ter. 35 C3

N
Nellfield Pl. 35 C2

Nelson Ct. 33 D3
King St.
Nelson St. 33 D3
Netherkirkgate 35 D1
Newlands Av. 34 B3
Newlands Cres. 34 B3
Newton Rd. 32 A2
Norfolk Rd. 34 B3
North Anderson Dr. 34 A1
North Esp. E. 35 D2
North Esp. W. 35 D2
North St. Andrew St. 35 C1
John St.
North Silver St. 35 C1
Northfield Pl. 35 C1
Northsea Ct. 33 D2
Novar Pl. 35 C1
Ann St.

O
Oakhill Cres. 34 A1
Oakhill Rd. 34 A1
Old Ch. Rd. 35 D3
Old Ford Rd. 35 D2
Palmerston Rd.
Oldcroft Pl. 32 A3
Oldcroft Ter. 32 A3
Oldmill Rd. 35 C2
Crown St.
Orchard, The
College Bounds
Orchard Pl. 33 D3
Orchard Rd. 33 D3
Orchard St. 33 D3
Orchard Wk. 33 D3
Osborne Pl. 34 B1
Oscar Pl. 35 D3
Oscar Rd. 35 D3

P
Palmerston La. 35 D2
Palmerston Rd. 35 D2
Park La. 35 D1
Park St.
Park Pl. 35 D1
Princes St.
Park Rd. 33 D3
Park St. 35 D1
Pennan Rd. 33 C1
Persley Cres. 32 A2
Picardy Ct. 35 C2
Rose St.
Pitcktillum Av. 32 B3
Picktillum Pl. 32 B3
Pirie's La. 32 B2
Pitstruan Pl. 34 B3
Pittodrie 33 D3
Pittodrie La. 33 D3
Pittodrie Pl. 33 D3
Plane Tree Rd. 32 A3
Polmuir Av. 35 C3
Polmuir Pl. 35 C3
Polmuir Rd. 35 C3
Polwarth Rd. 35 C2
Poplar Rd. 32 A3
Larch Rd.
Portal Cres. 33 C2
Portal Ter. 33 C2
Porthill Ct. 35 D1
Gallowgate
Portland St. 35 D2
Poultry Mkt. La. 35 D1
Queen St.
Powis Circle 33 C2
Powis Pl. 33 C3
Powis Ter. 33 C3
Poynernook Rd. 35 D2
Primrosehill Dr. 32 B2
Primrosehill Gdns. 32 B2
Primrosehill Pl. 32 B2
Prince Arthur St. 34 B1
Princes St. 35 D1
Printfield Ter. 32 B2
Printfield Wk. 32 B2
Privet Hedges 32 A3
Promenade Ct. 33 D2
Prospect Cres. 35 D3
Prospect Ter.
Prospect Ter. 35 D2

Q
Queen Elizabeth II Bri. 35 D3
Queen St. 35 D1
Queen St. (Woodside) 32 B2
Queen's Av. 34 A2
Queen's La. N. 34 B2
Queen's La. S. 34 B2
Queens Cross 34 B2
Queens La. N. 34 B2
Queens La. S. 34 B2
Queens Ter. 34 B2

R
Raeburn Pl. 35 C1
Raeden Av. 34 A1
Raeden Cres. 34 A1
Raeden Pk. Rd. 34 A1
Raeden Pl. 34 A1
Raik Rd. 35 D2
Rattray Pl. 33 C2
Regent Ct. 35 D1
Regent Quay 35 D1
Regent Rd. 35 D1
Regent Wk. 33 D2
Rennies Wynd 35 D1
The Grn.
Richmond Ct. 35 C1
Richmond Ter.
Richmond St. 35 C1
Richmond Ter. 35 C1
Richmond Wk. 35 C1
Richmond Ter.
Richmondhill Ct. 34 B1
Richmondhill Gdns. 34 A1
Richmondhill Pl. 34 A1
Richmondhill Rd. 34 A1

Ritchie Pl. 32 B1
River Don 32 A1
Riverside Dr. 35 C3
Riverside Ter. 35 C3
Rodgers Wk. 35 C1
John St.
Rose St. 35 C1
Rosebank Pl. 35 C2
Rosebank Ter. 35 C2
Rosebery St. 34 B1
Rosehill Av. 32 A2
Rosehill Ct. 32 A3
Rosehill Cres. 32 B2
Rosehill Dr. 32 A2
Rosehill Pl. 32 B2
Rosehill Ter. 32 B2
Rosemount 34 B1
Rosemount Pl. 35 C1
Rosemount Sq. 35 C1
Richmond St.
Rosemount Ter. 35 C1
Rosemount Viaduct 35 C1
Rosewell Dr. 34 A1
Roslin Pl. 35 D1
Park St.
Roslin St. 33 D3
Roslin Ter. 35 D1
Park St.
Rowan Rd. 32 A3
Royfold Cres. 34 A2
Rubislaw Den 34 A2
Gdns.
Rubislaw Den N. 34 A2
Rubislaw Den S. 34 A2
Rubislaw Pk. Cres. 34 A2
Rubislaw Pl. 35 C2
Albyn Pl.
Rubislaw Ter. 34 B2
Ruby La. 35 C1
Russell Rd. 35 D2
Poynernook Rd.
Ruthrie Gdns. 34 B3
Ruthrieston 34 B3
Ruthrieston Circle 34 B3
Ruthrieston Cres. 34 B3
Ruthrieston Gdns. 34 B3
Ruthrieston Pl. 34 B3
Ruthrieston Rd. 34 B3

S
St. Andrew Ct. 35 C1
Jopp's La.
St. Andrew St. 35 C1
St. Clair St. 35 D1
St. Machar Ct. 33 C1
St. Machar Dr. 33 C2
St. Machar Ho. 35 D2
College St.
St. Machar Pl. 33 D2
St. Machar Dr.
St. Machar Rd. 33 C2
St. Mary's Ct. 35 C1
Union Wynd
St. Mary's Pl. 35 C2
Crown St.
St. Nicholas La. 35 D1
St. Nicholas St.
St. Nicholas St. 35 D1
St. Ninian Ct. 33 D1
St. Paul St. 35 D1
St. Peter La. 35 D1
St. Peter St.
St. Peter St. 35 D1
St. Swithin St. 34 B2
Salisbury Pl. 34 B3
Salisbury Ter. 34 B3
Salvesen Twr. 35 D1
Blaikies Quay
Sandilands Dr. 32 B2
School Av. 33 D2
School Dr. 33 D2
School Rd. 33 D2
School Ter. 33 D2
Schoolhill 35 C1
Scotstown Gdns. 33 D1
Seafield 34 A2
Seafield Av. 34 A3
Seafield Cres. 34 A3
Seafield Dr. 34 A3
Seafield Dr. E. 34 A3
Seafield Dr. W. 34 A3
Seafield Gdns. 34 A3
Seafield Rd. 34 A3
Seaforth Rd. 33 D3
Seamount Ct. 35 D1
Gallowgate
Seamount Rd. 35 D1
Gallowgate
Seaton 33 D2
Seaton Av. 33 D2
Seaton Cres. 33 D2
Seaton Dr. 33 D2
Seaton Gdns. 33 D2
Seaton Ho. 33 D2
Seaton Pl. 33 D2
Seaton Pl. E. 33 D2
Seaton Rd. 33 D2
Seaton Wk. 33 D2
Seaview Ho. 33 D1
Seaview Rd. 33 D1
Shiprow 35 D1
Shoe La. 35 D1
Queen St.
Shore Brae 35 D1
Trinity Quay
Shore La. 35 D1
Regent Quay
Short Loanings 35 C1
Simpson Rd. 33 C1
Sinclair Rd. 35 D2
Skene La. 35 C1
Skene St.
Skene Sq. 35 C1

Skene St. 35 C1
Skene Ter. 35 C1
Smithfield Ct. 32 A2
Smithfield Dr. 32 A2
Smithfield La. 32 A1
Smithfield Rd. 32 B2
Society La. 32 B2
South Anderson Dr. 34 B3
South Coll. St. 35 D2
South Crown St. 35 C2
South Esp. E. 35 D2
South Esp. W. 35 D2
South Mt. St. 35 C1
South Silver St. 35 C1
South Wk. 32 B3
Ash-hill Dr.
Spa St. 35 C1
Spademill La. 34 A2
Spademill Rd. 34 A2
Spital 33 D3
Spital Wk. 33 D3
College Bounds
Spring Gdn. 35 C1
Springbank Pl. 35 C2
Springbank St.
Springbank St. 35 C2
Springbank Ter. 35 C2
Stafford St. 33 C3
Stanley St. 34 B2
Station Rd. 32 B1
Stell Rd. 35 D2
Stevenson Ct. 35 C1
Upper Denburn
Stevenson St. 35 C1
Upper Denburn
Stewart Pk. 32 A2
Stewart Pk. Ct. 32 A2
Stewart Pk. Pl. 32 A2
Stirling St. 35 D1
Stocket Gra. 32 A3
Stocket Par. 32 A3
Stockethill 32 A3
Stockethill Av. 32 A3
Stockethill Ct. 32 A3
Stockethill Cres. 32 A3
Stockethill Pl. 32 A3
Stockethill Sq. 32 A3
Stockethill Way 32 A3
North Anderson Dr.
Strachan Pl. 32 A2
Fowler Av.
Strathbeg Pl. 33 C1
Strawberry Bk. Par. 35 C2
Sugarhouse La. 35 D1
Regent Quay
Summer St. 35 C2
Summer St. (Woodside) 32 B2
Summerfield Pl. 35 D1
Summerfield Ter. 35 D1
Sunnybank Pl. 33 C3
Sunnybank Rd. 33 C3
Sunnyside Av. 33 C3
Sunnyside Gdns. 33 C3
Sunnyside Rd. 33 C3
Sunnyside Ter. 33 C3
Sycamore Pl. 35 C3

T
Tanfield Av. 32 B2
Tanfield Ct. 32 B2
Tanfield Wk.
Tanfield Wk. 32 B2
Tarbothill Rd. 33 C1
Tedder Rd. 33 C2
Tedder St. 33 C2
Thistle La. 35 C1
Huntly St.
Thistle La. 35 C1
Thistle Pl. 35 C1
Thistle St.
Thistle St. 35 C2
Thomas Glover Pl. 33 C1
Thom's Pl. 33 C1
High St.
Thomson St. 34 B1
Thorngrove Av. 34 A3
Tillydrone Av. 33 C2
Tillydrone Ct. 33 C2
Tillydrone Rd. 33 C2
Tillydrone Ter. 33 C2
Torry 35 D3
Trinity Quay 35 D1
Trinity St. 35 D1
Tullos Circle 35 D3

U
Union Br. 35 C1
Union St.
Union Glen 35 C2
Union Gro. 35 B2
Union Row 35 C1
Union St. 35 C2
Union Ter. 35 C1
Union Ter. Gdns. 35 C1
Union St.
Union Wynd 35 C1
University Rd. 33 D2
Upper Denburn 35 C1
Upper Dock 35 D1
Upper Kirkgate 35 D1
Urquhart La. 33 D3
Urquhart Pl. 33 D3
Urquhart Rd. 33 D3
Urquhart St. 33 D3
Urquhart Ter. 33 D3

V
Victoria Bri. 35 D2
Market St.
Victoria Dock 35 D1
Victoria Pk. 34 B1
Victoria Rd. 35 D3
Victoria St. 35 C1
View Ter. 35 C1
Viewfield Av. 34 A3

Viewfield Cres. 34 A3
Viewfield Gdns. 34 A3
Viewfield Rd. 34 A3
Virginia Ct. 35 D1
Commerce St.
Virginia St. 35 D1

W
Wales St. 35 D1
Walker La. 35 D3
Walker Rd.
Walker Pl. 35 D3
Walker Rd.
Walker Rd. 35 D3
Wallace Twr. 33 C2
Wallfield Cres. 34 B1
Wallfield Pl. 34 B1
Wapping St. 35 D2
Water La. 35 D1
Waterloo Quay 35 D1
Watson La. 34 A1
Watson St. 34 A1
Wavell Cres. 32 B1
Waverley La. 35 C1
Skene St.
Waverley Pl. 35 C2
Weighhouse Sq. 35 D1
Wellbrae Ter. 34 A3
Wellington Pl. 35 D2
Wellington Rd. 35 D3
West Cairncry Rd. 32 A3
West Mt. St. 35 C1
West N. St. 35 D1
Westburn Cres. 32 B3
Westburn Dr.
Westburn Dr. 32 B3
Westburn Pk. 32 B3
Westburn Rd. 32 B2
Western Rd. 32 B2
Westfield Rd. 34 B1
Westfield Ter. 34 B1
Whinhill Gdns. 35 C3
Whinhill Gate 35 C2
Whinhill Rd. 35 C3
Whitehall Ms. 34 B1
Whitehall Pl.
Whitehall Pl. 34 B1
Whitehall Rd. 34 B1
Whitehouse St. 35 C1
Huntly St.
Wilkie Av. 32 A2
Willowbank Rd. 35 C2
Willowdale Pl. 35 D1
Windmill Brae 35 C2
Wingate Pl. 32 C2
Wingate Rd. 32 C2
Woodhill Ho. 34 A1
Woodhill Pl. 34 A1
Woodhill Rd. 34 A1
Woodhill Ter. 34 A1
Woodside 32 A2
Woodside Ho. 32 A2
Woodstock Rd. 34 A1
Woolmanhill 35 C1
Wright's & 33 C1
Cooper's Pl.
High St.

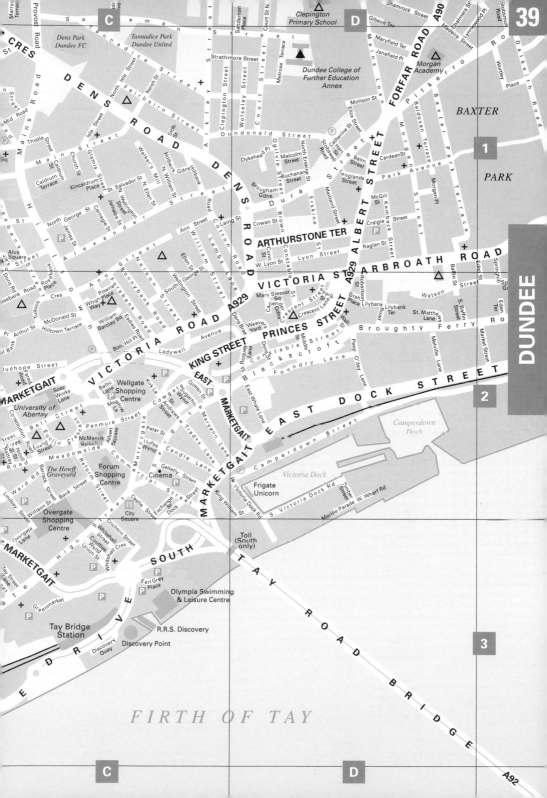

Street	Page	Grid
Abbotsford Pl.	38	A3
Abbotsford St.	38	A2
Adelaide Pl.	38	B1
Adelaide Ter.	38	B2
Airlie Pl.	38	B3
Albany Ter.	38	A2
Albert Sq.	39	C2
Albert St.	39	D1
Alexander St.	39	C1
Alpin Rd.	38	A1
Alpin Ter.	38	A1
Alva Sq.	39	C1
Anchor La.	38	B2
Ann St.	39	C2
Annfield Rd.	38	A3
Annfield Row	38	A3
Annfield St.	38	A3
Arbroath Rd.	39	D1
Arklay St.	39	C1
Arthur St.	39	C2
Arthurstone Ter.	39	D1
Artillery La.	38	B3
Ash La.	38	B2
Ash St.		
Ash St.	38	B2
Ashbank Rd.	38	A2
B		
Baffin St.	39	D1
Baffin Ter.	39	D1
Baffin St.		
Baldovan Ter.	39	D1
Balfield Rd.	38	A1
Balfour St.	38	B3
Balgayview Gdns.	38	A1
Balmore St.	39	D1
Baltic Gdns.	38	A3
Patons La.		
Baltic La.	39	C2
Bank Mill Rd.	38	A2
Bank St.	39	C2
Barrack Rd.	38	B2
Barrack St.	39	C2
Baxter Pk.	39	D1
Baxter Pk. Ter.	39	D1
Baxter St.	38	A2
Bell St.	39	C2
Bellefield Av.	38	B3
Bellfield St.	38	B3
Benvie Rd.	38	A2
Birchwood Pl.	38	A2
Black St.	38	A2
Blackness Av.	38	A2
Blackness Rd.	38	A2
Blackness St.	38	A2
Blackness Ter.	38	A3
Blackscroft	39	D2
Blaikies Ms.	39	C1
Alexander St.		
Blinshall St.	38	B2
Blyth Pl.	38	A2
Blyth St.	38	A2
Bonnet Hill Pl.	39	C2
Bonnethill Ct.	39	C2
Hilltown Ter.		
Bonnybank Rd.	39	C1
Brantwood Av.	38	A1
Brantwood Pl.	38	A1
Brantwood Av.		
Brewery La.	38	B2
Brook St.	38	B2
Brougham Gdns.	39	D1
Broughty Ferry Rd.	39	D2
Brown Constable St.	39	D1
Brown St.	38	B2
Bruce St.	38	B1
Buchanan St.	39	D1
Bucklemaker Ct.	38	B1
Harcourt St.		
Burgess St.	38	B1
Butterburn Ct.	38	B1
Strathmartine Rd.		
Butterburn Sq.	38	B1
Byron Cres.	38	A1
Byron St.	38	A1
C		
Caldrum St.	39	C1
Caldrum Ter.	39	C1
Callender Gdns.	39	D2
Campbell St.	38	A1
Camperdown St.	39	D2
Candle La.	39	C2
Canning Pl.	38	B1
Canning St.	38	B1
Cardean St.	39	D1
Carmichael Ct.	38	B1
Carmichael Gdns.	38	B1
Carmichael St.	38	B1
Carnegie Sq.	39	C2
Ann St.		
Carnegie St.	39	C1
Carnegie Twr.	39	C1
Alexander St.		
Castle St.	39	C2
Catherine St.	39	D1
Chalmers St.	39	D1
Chapel St.	39	C2
Meadowside		
Church St.	39	C1
City Rd.	38	A1
City Sq.	39	C2
Clarendon Ter.	38	A3
Cleghorn St.	38	A2
Clepington St.	39	C1
Cobden Pl.	38	A1
Cobden St.	38	A1
Colinton Pl.	38	A2
Commercial St.	39	C2
Constable St.	39	D2
Constitution Rd. (in 2 parts)	38	B2
Constitution St.	38	B2
Constitution Ter.	38	B2
Corso St.	38	A3
Cotton Rd.	39	C1
Coupar St.	38	A1
Court St.	39	D1
Courthouse Sq.	38	B2
Coutties Wynd	39	C3
Cowan St.	39	D1
Cowgate	39	C2
Craigie St.	39	D1
Crescent La.	39	D2
Crescent St.	39	D2
Crichton St.	39	C3
Cross La.	38	B3
Cross Row	38	B3
Cunningham St.	39	D1
D		
Dalfield Ct.	39	C2
Hilltown Ter.		
Daniel St.	38	B2
Dens Brae	39	D2
Dens Rd.	39	C1
Dens St.	39	D2
Derby St.	38	B1
Discovery Quay	39	C3
Dock St.	39	C2
Dons Rd.	39	C2
Douglas St.	38	B2
Douglas Ter.	38	B2
Drummond St.	38	B1
Dudhope Ct.	38	A2
Dudhope Cres. Rd.	38	B2
Dudhope St.	39	C2
Dudhope Ter.	38	B2
Dundonald St.	39	C1
Dura St.	39	D1
Dykehead Pl.	39	D1
E		
Eadies Rd.	39	C2
Earl Grey Pl.	39	C3
Eassons Angle	38	A2
East Dock St.	39	D2
East Hendersons Wynd	38	B2
East Marketgait	39	C2
East Somerville Pl.	38	B2
East Whale La.	39	D2
Edward St.	38	B2
Eliza St.	39	D1
Ellen St.	39	C1
Elm St.	38	A2
Erskine St.	39	D1
Euclid Cres.	39	C2
Euclid St.	39	C2
Exchange St.	39	C2
F		
Fairbairn St.	39	C1
Ferguson St.	39	D2
Fingask St.	38	B1
Fleuchar St.	38	A2
Fords La.	38	A3
Perth Rd.		
Forebank Rd.	39	C2
Forebank St.	39	C2
Forebank Rd.		
Forebank Ter.	39	C2
Forebank Rd.		
Forest Pk. Pl.	38	A2
Forest Pk. Rd.	38	A2
Forester St.	39	C2
Forfar Rd.	39	D1
Fort St.	38	A3
Foundry La.	39	D2
Fraser St.	38	B1
Fullarton St.	38	A1
Fyffe St.	38	A2
G		
Gardner St.	38	A1
Gardners La.	38	B2
Garland Pl.	38	B2
Gellatly St.	39	C2
Glamis St.	39	C1
Glenagnes Pl.	38	A2
Glenagnes Rd.	38	A2
Glenagnes St.	38	A2
Glenesk Av.	38	A1
Glenisla Ter.	38	A1
Gordon Sq.	38	A1
Gordon St.	38	A1
Gowrie St.	38	A3
Graham Pl.	39	D2
Greenbank Pl.	38	A2
Greenfield Pl.	38	B3
Greenmarket	39	C3
Guthrie St.	38	B2
H		
Harcourt St.	38	B1
Harlow Pl.	38	A1
Harriet St.	39	D1
Hastings Pl.	38	B1
Hawkhill	38	B2
Hawkhill Pl.	38	B3
Heathfield Pl.	38	B3
Old Hawkhill		
High Mill Ct.	38	A3
High St.	39	C3
Hill Sq.	39	C1
Hill St.	38	B1
Hillbank Gdns.	39	C1
Hillbank Pl.	39	C1
Hillbank Rd.		
Hillbank Rd.	39	C1
Hilltown	39	C1
Hilltown Ct.	39	C2
Hilltown Ter.		
Hilltown Ter.	39	C2
Hop St.	39	C2
Horse Wynd	38	B2
Horsewater Wynd	38	B2
Hunter St.	39	C1
Hyndford Pl.	38	A3
Hyndford St.	38	A2
I		
Inverary Ter.	38	A1
Inverlaw Pl.	38	B2
Inverlaw Steps	38	B1
Isla St.	39	C1
J		
Jamaica Sq.	39	C2
Ann St.		
Jamaica St.	39	C1
Jamaica Twr.	39	C1
Alexander St.		
James St.	39	C1
Janefield Pl.	39	D1
Johnston St.	38	B2
K		
Keats Pl.	38	B1
Kemback St.	39	D1
Kenmore Ter.	38	A1
Kennet Wk.	39	C1
Kilberry St.	38	A1
Killin Av.	38	A1
Kincaldrum Pl.	39	C1
Kincardine St.	38	B3
King St.	39	C2
King William St.	39	C2
Kinghorne Ct.	38	B1
Kinghorne Rd.		
Kinghorne Pl.	38	B1
Kinghorne Rd.		
Kinghorne Rd.	38	B1
Kinghorne Ter.	38	A2
Kinghorne Wk.	38	B1
Kinloch St.	38	B1
Kinloch Ter.	38	B1
Kinnaird St.	38	B1
Kinpurnie Pl.	38	A1
Kirk La.	39	C2
Kirk Style	38	B3
Nethergate		
L		
Laburn St.	38	B2
Dudhope Cres. Rd.		
Ladywell Av.	39	C2
Laing Pl.	39	C1
Laing St.		
Laing St.	39	C1
Lambs La.	39	C1
Langlands St.	39	D1
Larch St.	38	B2
Laurel Bk.	39	C2
Law Cres.	38	A1
Law Rd.	38	B1
Law St.	38	B1
Lawrence St.	38	A2
Lawside Av.	38	A2
Lawside Rd.	38	A1
Lawside Ter.	38	A1
Lawson Pl.	39	C1
Lawton Rd.	38	B1
Lawton Steps	38	B1
Lawton Ter.	38	B1
Leng St.	38	B1
Lilybank Rd.	39	D2
Lilybank Ter.	39	D2
Lime St.	38	A2
Lochee Rd.	38	B2
Loganlee Ter.	38	A2
Logie Av.	38	A2
Logie Gdns.	38	A2
Logie St.	38	A1
Loons Rd.	38	A1
Lorimer St.	38	B1
Lower Pleasance	38	B2
Lynnewood Pl.	39	D1
Lyon St.	39	D1
Lytton St.	38	A3
M		
Macaulay St.	38	B1
Magdalen Pl.	38	B3
Magdalen Yd. Rd.	38	A3
Main St.	39	C1
Mains Rd.	39	C1
Maitland St.	39	D1
Malcolm St.	39	D1
Malcolms Penn	38	B2
Marine Par.	39	D2
Martingale Gdns.	39	C2
Victoria Rd.		
Mary Slessor Sq.	39	D2
Maryann La.	39	C2
Maryfield Ter.	39	D1
Maxwelltown Twr.	39	C1
Alexander St.		
McDonald St.	39	C2
McGill St.	39	D1
McGonagall Sq.	39	C2
Patons La.		
McKinnon St.	38	B1
McVicars La.	39	C2
Meadow Entry	39	C2
Commercial St.		
Meadow La.	39	C2
Meadow Pl. Bldgs.	39	C2
Victoria Rd.		
Meadowside	39	C2
Melrose Ter.	39	D1
Melville La.	39	D2
Mid Rd.	39	C1
Mid Wynd	38	B3
Middle St.	39	D2
Millers Wynd	38	B3
Miln St.	38	B2
Milnbank Rd.	38	A2
Milnes E. Wynd	38	B2
Milton St.	38	B1
Minard Cres.	38	B1
Minto Pl.	38	A3
Mitchell St.	38	A2
Molison St.	39	C1
Morgan Pl.	39	D1
Morgan St.	38	B1
Mortimer St.	38	B1
Murraygate	39	C2
N		
Neish St.	39	C1
Nelson St.	39	C1
Nelson Ter.	39	C1
Nelson St.		
Nethergate	38	B3
New Inn Entry	39	C3
High St.		
Nicoll St.	39	C2
North Ellen St.	39	C1
North Erskine St.	39	D1
North George St.	39	C1
North Isla St.	39	C1
North Lindsay St.	39	C2
North Marketgait	38	B2
North Somerville Pl.	38	B1
North St.	39	C1
North Wellington St.	39	C1
North William St.	39	C1
O		
Ogilvie St.	39	D1
Ogilvie's Rd.	39	C1
Old Hawkhill	38	B3
Old Kings Cross Rd.	38	A1
Osborne Pl.	38	A3
Overgate La.	39	C3
P		
Palais Ct.	38	B3
Panmure St.	39	C2
Panmure Ter.	38	B2
Paradise Rd.	39	C2
Park Av.	39	D1
Park Pl.	38	B3
Park St.	38	B2
Park Wynd	39	C2
Parker St.	38	B2
Paterson St.	38	B1
Patons La.	38	A3
Patrick Pl.	38	A3
Peddie St.	38	A2
Peep O'day La.	39	D2
Pennycook La.	38	A3
Pentland Av.	38	A2
Pentland Cres.	38	A2
Perth Rd.	38	A3
Peter St.	39	C2
Pitfour St.	38	A2
Pitkerro Rd.	39	D1
Pleasance Ct.	38	B2
Douglas St.		
Pole St.	38	A2
Polepark Rd.	38	A2
Powrie Pl.	39	C2
Princes St.	39	D2
Prospect Pl.	39	C2
Q		
Queen St.	39	C2
R		
Raglan St.	39	D1
Rankine St.	38	A2
Rattray St.	39	C2
Reform St.	39	C2
Reid Sq.	38	B1
Reid St.		

Reid St. 38 B1
Richmond Ter. 38 A3
Ritchie's La. 38 A3
  Hawkhill
Riverside Dr. 38 B3
Robertson St. 39 D2
Rockwell Pl. 38 B1
Roseangle 38 B3
Rosebank Pl. 39 C2
Rosebank Rd. 39 C2
Rosebank St. 39 C1
Rosebery St. 38 A2
Rosefield St. 38 A2
Rosemount Ter. 38 B1
  Upper Constitution St.
Royal Ex. Ct. 39 C2
  Albert Sq.
Royal Ex. La. 39 C2
  Meadowside
Russell Pl. 38 B1
Ryehill La. 38 A3

S

Saggar St. 38 A2
St. Andrews La. 39 C2
  St. Andrews St.
St. Andrews St. 39 C2
St. Davids La. 38 B2
  West Marketgait
St. Mary Pl. 38 A2
St. Mary St. 38 B2
St. Matthews La. 39 D2
St. Peter St. 38 A3
St. Roques La. 39 D2
St. Salvador St. 39 C1
Salem St. 38 B2
  Constitution Rd.
Scott St. 38 A2
Seabraes 38 B3
Seabraes Ct. 38 B3
Seabraes La. 38 B3
Seafield Clo. 38 B3
Seafield La. 38 B3
Seafield Rd. 38 B3
Seagate 39 C2
Session St 38 B2

Seymour Av. 38 A3
Seymour St. 38 A2
Shaftesbury Pk. 38 A3
Shaftesbury Pl. 38 A3
  Clarendon Ter.
Shaftesbury Ter. 38 A3
Shelley Gdns. 38 B1
Shepherds Ln. 38 A3
Shore Ter. 39 C2
  Castle St.
Sibbald St. 39 C1
Smalls La. 38 B3
Smalls Wynd 38 B3
Smellies La. 38 B2
  Lochee Rd.
Soap Wks. La. 39 C2
Somerville Pl. 38 B2
South Baffin St. 39 D2
South George St. 39 C2
South Marketgait 39 C3
South Tay St. 38 B3
South Victoria 39 D2
  Dock Rd.
South Ward Rd. 38 B2
Speed St. 38 A3
Spinners Wynd 38 A3
Springfield 38 B3
Step Row 38 A3
Stephen's Yd. 38 A3
Stirling Av. 38 B1
Stirling St. 38 B1
Stirling Ter. 38 B1
Stobswell Rd. 39 D1
Strathmartine Rd. 38 B1
Strathmore Av. 38 A1
Strathmore St. 39 C1
Strawberry Bk. 38 A3
Sugarhouse Wynd 39 C2

T

Taits La. 38 A3
Tannadice Ct. 39 C1
  Tannadice St.
Tannadice St. 39 C1
Tay Rd. Bri. 39 D3
Tay Sq. 39 C3

Tay St. La. 39 C3
Tayfield Pl. 38 A3
  Patons La.
Taylors La. 38 A3
Temple La. 38 B3
Thistle St. 39 C1
Thomson St. 38 B3
Timber St. 39 D2
Trades La. 39 C2
Tullideph Pl. 38 A1
Tullideph Rd. 38 A1
Tullideph St. 38 A2
Tulloch Ct. 39 C2
  Hilltown Ter.
Tulloch Cres. 39 C2

U

Union Pl. 38 A3
Union St. 39 C3
Union Ter. 38 B2
Upper Constitution 38 B1
  St.
Ure St. 38 B3
Urquhart St. 38 B2

V

Victoria Rd. 39 C2
Victoria St. 39 D2

W

Walker's Mill 39 C1
Wallace St. 39 D2
Walton St. 38 B2
Ward Rd. 38 B2
Watson St. 39 D2
Watsons La. 38 A3
  Hawkhill
Weavers Yd. 39 D2
Well Rd. 38 B3
Wellbank La. (Lochee) 38 A1
Wellgate Cen. 39 C2
Wellington Sq. 39 C2
  Ann St.
Wellington St. 39 C2
Wellington Twr. 39 C1
  Alexander St.

West Bell St. 38 B2
West Hendersons 38 B2
  Wynd
West Lyon St. 39 D1
West Marketgait 38 B2
West Port 38 B3
West Somerville 38 B2
  Pl.
West St. 38 B1
West Victoria Dock 39 D2
  Rd.
West Wf. Rd. 39 D2
West Wynd 38 B3
Westfield Av. 38 B3
Westfield La. 38 B3
Westfield Pl. 38 B3
Wetherby Pl. 38 B1
Whistler's Way 39 C2
Whitehall Cres. 39 C3
Whitehall St. 39 C3
Wilkies La. 38 B2
William Barclay 39 C2
  Sq.
William St. 39 C1
Willison St. 39 C2
Windsor Pl. 38 A3
  Magdalen Yd. Rd.
Windsor St. 38 A3
Windsor Ter. 38 A3
Wishart St. 38 B1
  Stirling Av.
Wolseley St. 39 D1

Y

Yeaman Shore 39 C3
  Union St.

DUNDEE

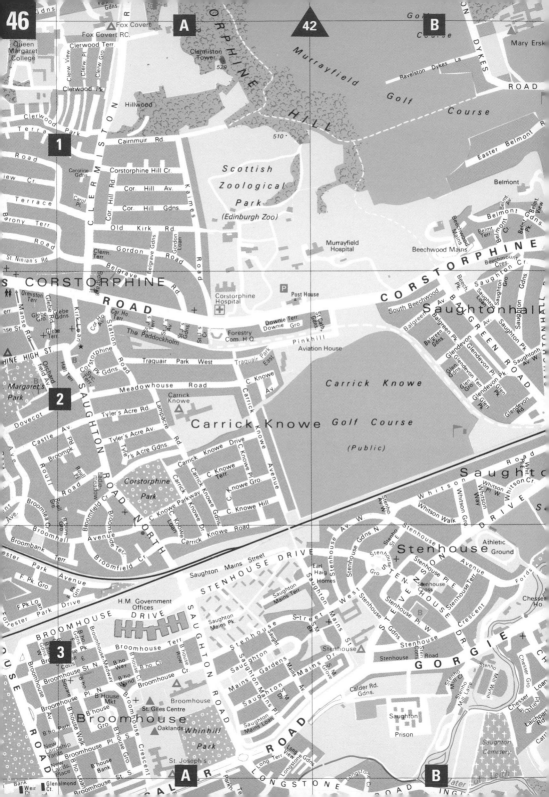

46

42

A map showing the Corstorphine, Murrayfield, Carrick Knowe, Saughtonhall, Stenhouse and Broomhouse areas of Edinburgh.

Selected labels:

Queen Margaret College
Fox Covert
Fox Covert RC.
Clerwood Terr.
Clerw. View
Clerwood Pk.
Clerw. Gro.
Mary Erskine
Ravelston Dykes La.
RAVELSTON DYKES ROAD
Hillwood
Cairnmuir Rd.
Clerwood Park
Caroline Gdns.
Corstorphine Hill Cr.
Carol. Pl.
Cor. Hill Rd.
Cor. Hill Av.
Cor. Hill Gdns.
Clemmiston Tower
529
Scottish Zoological Park (Edinburgh Zoo)
510
Easter Belmont
Belmont
Belmont
Belmt.
Beechwood Mains Cres.
Belmt. Gdns.
Old Kirk Rd.
Clemm. Terr.
Gordon Road
Gordon Loan
Murrayfield Hospital
Beechwood Mains
St Ninian's Rd.
Barony Terr.
Belgrave Rd.
Belgrave Gdns.
Ormiston Terr.
Glebe Terr.
Glebe Gdns.
Glebe Gro.
Manse Rd.
CORSTORPHINE ROAD
Corstorphine Hospital
Post House
Downie Terr.
Downie Gro.
St Cath. Gdns.
CORSTORPHINE ROAD
South Beechwood
Balgreen Av.
Saughtonhall
Saughton Gdns.
Saughton Loan
Saughton Pk.
Saughton Gdns.
Saughton Av.
Cor. Ho. Terr.
Station Road
The Paddockholm
Forestry Com. H.Q.
Pinkhill
Aviation House
Balgreen Gdns.
Glendevon Pl.
Glendevon Terr.
Glendevon Gdns.
Glendevon Gro.
Glendevon Pk.
Glendevon Rd.
St Margaret's Park
CORSTORPHINE HIGH ST
Orchard Brae
Hall Terr.
Corstorphine Pk. Gdns.
Traquair Park West
Traquair Park East
Meadowhouse Road
C. Knowe Av.
Carrick Knowe
SAUGHTON ROAD
Dovecot
Castle Av.
Broompk.
Roull Rd.
Roull Gro.
Tyler's Acre Rd.
Tyler's Acre Av.
Tyler's Acre Gdns.
Limnacre
Carrick Knowe Drive
Carrick Knowe Terr.
C. Knowe Pl.
C. Knowe Avenue
Carrick Knowe
Carrick Knowe Golf Course (Public)
Carrick Knowe
Corstorphine Park
C. Knowe Parkway
C. Knowe Gdns.
C. Knowe Gro.
C. Knowe Hill
Carrick Knowe Road
Broomlea Gro.
Broomhall
Broomfield
Broomside Terr.
SAUGHTON ROAD NORTH
Broomfield Cr.
Saughton Mains Street
STENHOUSE DRIVE
Whitson Rd.
Whitson Av. W.
Whitson Gro.
Whitson Cres.
Whitson Terr.
Whitson Walk
Whitson Way
SAUGHTON
Stenhouse Av. W.
Stenhouse Gdns. N.
Stenhouse
Athletic Ground
Stenhouse Cross
Stenhouse Pl. E.
Stenhouse Av.
Stenhouse Ter.
Stenhouse Crescent
Chesser Ho.
Broombank Terr.
Forester Park Avenue
F. Pk. Gro.
F. Pk. Loan
Forester Park Drive
H.M. Government Offices
Earl Haig Homes
Stenhouse Mains Terr.
West Stenhouse Gdns.
Stenhouse Gro.
Stenhouse Pl. W.
Stenhouse
Fords
Chesser Ho.
BROOMHOUSE DRIVE
Broomhouse
Broomhouse Terr.
Saughton Mains Pk.
Saughton Gardens
Saughton Mains St.
Saughton Mains Dr.
Stenhouse
Stenhouse Cross
Stenhouse Road
GORGIE
Chesser Gro.
Chesser Loan
Chesser Av.
Broomhouse Medway
Broomhouse St N.
B'house Row
B'house Ct.
B'house Way
B'house Wynd
Broomhouse
Saughton
Saughton Mains Gdns.
Saughton Mains Loan
Saughton Mains Pl.
Calder Rd. Gdns.
Stenho.
Stenho. Mill Lane
Chesser
Larchpark
Broomhouse Sq.
B'House Mkt
St. Giles Centre
Oaklands
Whinhill Park
Saughton Prison
Saughton Cemetery
New Laird Yards
New Yards Place
B'house Path
Broomhouse Loan
B'house Gro.
St. Joseph's
Glenalmond Ct.
Bank
Weir
CALDER ROAD
LONGSTONE ROAD
Long Terr.
Longstone
Longstone Terr.
Long View Av.
Park
Water of Leith

A   B
1
2
3
A   B

INDEX TO STREETS

Street	Page	Grid
Abbey La.	45	D3
Abbey Strand	49	C1
Abbey St.	45	D3
Montrose Ter.		
Abbeyhill	49	C1
Abbeyhill Cres.	45	C3
Abbeymount	45	C3
Abbotsford Ct.	48	A3
Abbotsford Cres.	48	A3
Abbotsford Pk.	48	A3
Abercromby Pl.	44	B3
Abinger Gdns.	47	C1
Academy Pk.	45	D2
Academy St.	45	D2
Admiral Ter.	48	A2
Admiralty St.	45	C1
Advocates Clo.	48	B1
High St.		
Afton Pl.	44	A1
Afton Ter.	44	A1
Agnew Ter.	44	B1
Connaught Pl.		
Ainslie Pl.	44	A3
Airlie Pl.	44	B3
Aitkenhill	46	B3
Albany La.	44	B3
Albany St.	44	B3
Albany St. La.	44	B3
Albert Pl.	45	C3
Albert Rd.	45	D1
Albert St.	45	C2
Albert Ter.	48	A3
Albion Pl.	45	D3
Albion Rd.	45	D3
Albion Ter.	45	D3
Albyn Pl.	44	A3
Alderbank Gdns.	47	D3
Alderbank Pl.	47	D3
Alderbank Ter.	47	D3
Alexander Dr.	47	C2
Alfred Pl.	49	C3
Allan Pk. Cres.	47	C3
Allan St.	44	A3
Allanfield	45	C3
Almondbank Ter.	47	D3
Alva Pl.	45	D3
Alva St.	48	A1
Alvanley Ter.	48	A2
Whitehouse Ln.		
Anchorfield	45	C1
Lindsay Rd.		
Anderson Pl.	45	C1
Angle Pk. Ter.	47	D2
Ann St.	44	A3
Annandale St.	44	B3
Annandale St. La.	45	C3
Annfield	44	B1
Annfield St.	44	B1
Antigua St.	45	C3
Anworth Vills.	46	A2
Saughton Rd. N.		
Appin Ter.	47	C3
Arboretum Av.	44	A3
Arboretum Pl.	44	A2
Arboretum Rd.	44	A2
Archibald Pl.	48	B1
Arden St.	48	B2
Ardmillan Pl.	47	D2
Ardmillan Ter.	47	D2
Ardmillan Ter. La.	47	D2
Ardmillan Ter.		
Argyle Pk. Ter.	48	B2
Argyle Pl.	48	B2
Argyle St.	45	C1
Argyll Ter.	48	A1
Arthur Pl.	45	C2
Arthur St.		
Arthur St.	45	C2
Arthur St. La.	45	C2
Ashley Dr.	47	D3
Ashley Gdns.	47	D3
Ashley Gro.	47	D3
Ashley Pl.	45	C2
Ashley Ter.	47	D3
Ashville Ter.	45	D2
Assembly St.	45	D1
Atholl Cres.	48	A1
Atholl Cres. La.	48	A1
Atholl Pl.	48	A1
Atholl Ter.	48	A1
Auchinleck Brae	44	B1
Auchinleck Ct.		
Auchinleck Ct.	44	B1
Auchinleck's Brae	42	A2
Main St.		
Avenue Vills.	43	D3
Avondale Pl.	44	A3
B		
Back Dean	47	D1
Baird Av.	47	C2
Baird Dr.	47	C2
Baird Gdns.	47	C2
Baird Gro.	47	C2
Baird Ter.	47	C2
Baker's Pl.	44	A3
Kerr St.		
Balbirnie Pl.	47	D1
Balfour Pl.	45	C2
Balfour St.	45	C2
Balgreen Av.	46	B2
Balgreen Gdns.	46	B2
Balgreen Pk.	46	B2
Balgreen Rd.	47	C2
Ballantyne La.	45	C1
Ballantyne Rd.	45	C1
Balmoral Pl.	44	A3
Baltic St.	45	D1
Bangholm Av.	44	A1
Bangholm Bower Av.	44	A1
Bangholm Gro.	44	B1
Bangholm Ln.	44	A1
Bangholm Pk.	44	A1
Bangholm Pl.	44	A1
Bangholm Rd.	44	A1
Bangholm Ter.	44	A2
Bangholm Vw.	44	B1
Bangholm Vills.	42	B2
Ferry Rd.		
Bangor Rd.	45	C1
Bank St.	48	B1
Barclay Pl.	48	A2
Barclay Ter.	48	A2
Barnton Gdns.	42	A2
Barnton Ln.	42	A2
Barnton Pk.	42	A2
Barony Pl.	44	B3
Barony St.	44	B3
Bath Rd.	45	D1
Bathfield	45	C1
Baxter's Bldgs.	49	C1
Holyrood Rd.		
Baxter's Pl.	45	C3
Leith Wk.		
Beaufort Rd.	48	B3
Beaverbank Pl.	44	B2
Beaverhall Rd.	44	B2
Bedford Ct.	44	A3
Bedford St.	44	A3
Beechmount Cres.	46	B1
Beechmount Pk.	46	B2
Beechwood Mains	46	B1
Beechwood Ter.	45	D2
Belford Av.	43	D3
Belford Bri.	47	D1
Belford Gdns.	43	D3
Belford Ms.	47	D1
Belford Pk.	47	D1
Belford Pl.	47	D1
Belford Rd.	47	D1
Belford Ter.	47	D1
Belford Rd.		
Belgrave Cres.	43	D3
Belgrave Cres. La.	43	D3
Belgrave Gdns.	46	A1
Belgrave Ms.	43	D3
Belgrave Pl.	43	D3
Belgrave Rd.	46	A1
Belgrave Ter.	46	A2
Bell Pl.	44	A3
Bellevue	44	B3
Bellevue Cres.	44	B3
Bellevue Gdns.	44	B3
Bellevue Gro.	44	B3
Bellevue La.	44	B3
Bellevue Pl.	44	B3
Bellevue Rd.	44	B3
Bellevue St.	44	B3
Bellevue Ter.	44	B3
Bells Brae	48	A1
Bell's Mills	47	D1
Bell's Wynd	48	B1
High St.		
Belmont Av.	46	B1
Belmont Cres.	46	B1
Belmont Gdns.	46	B1
Belmont Pk.	46	B1
Belmont Ter.	46	B1
Belmont Vw.	46	B1
Belvedere Pk.	44	B1
Beresford Av.	44	B1
Beresford Gdns.	44	B1
Beresford Pl.	44	B1
Beresford Ter.	44	B1
Bernard St.	45	D1
Bernard Ter.	49	C2
Birnies Ct.	42	B1
Blackadder Pl.	43	D1
Blacket Av.	49	C2
Blacket Pl.	49	C2
Blackford Av.	48	B3
Blackford Bk.	48	B3
Blackford Rd.	48	B3
Blackfriars St.	49	C1
Blackie Rd.	45	D2
Blackwood Cres.	49	C2
Blair St.	48	B1
Blantyre Ter.	48	A3
Bleachfield	44	B2
Blenheim Pl.	45	C3
Blinkbonny Av.	43	C3
Blinkbonny Cres.	43	C3
Blinkbonny Gdns.	43	C3
Blinkbonny Gro.	43	C3
Blinkbonny Gro. W.	43	C3
Blinkbonny Rd.	43	C3
Blinkbonny Ter.	43	C3
Boat Grn.	44	B2
Bonar Pl.	44	B1
Bonnington Av.	44	B1
Bonnington Gro.	44	B1
Bonnington Rd.	44	B1
Bonnington Rd. La.	45	C2
Bonnington Ter.	44	B1
Bonnyhaugh	44	B2
Bonnyhaugh La.	44	B2
Boroughloch Bldgs.	49	C2
Boroughloch La.		
Boroughloch La.	49	C2
Boroughloch Sq.	49	C2
Boroughloch La.		
Borthwick Pl.	47	D1
Borthwick's Clo.	48	B1
High St.		
Boswall Av.	43	D1
Boswall Cres.	43	D1
Boswall Dr.	43	D1
Boswall Gdns.	43	D1
Boswall Grn.	44	A1
Boswall Gro.	43	D1
Boswall Ln.	43	D1
Boswall Ms.	43	D1
Boswall Ln.		
Boswall Parkway	43	D1
Boswall Pl.	43	D1
Boswall Quad.	43	D1
Boswall Rd.	44	A1
Boswall Sq.	43	D1
Boswall Ter.	43	D1
Bothwell St.	45	C3
Bowhill Ter.	44	A2
Bowie's Clo.	45	D1
Bowling Grn., The	45	C1
Bowmont Pl.	49	C2
Boyd's Entry	49	C1
St. Mary's St.		
Boy's Brigade Wk.	48	B2
Brand Pl.	49	C1
Abbeyhill		
Brandfield St.	48	A2
Brandon St.	44	B3
Brandon Ter.	44	B3
Bread St.	48	A1
Bread St. La.	48	A1
Breadalbane St.	45	C1
Breadalbane Ter.	48	A1
Brewery La.	45	C1
Great Junct. St.		
Briarbank Ter.	47	D3
Brickwork Clo.	45	C1
Giles St.		
Bridge End	49	D3
Bridge Pl.	44	A3
Briery Bauks	49	C1
Bright Ter.	48	A1
Brighton St.	48	B1
Bright's Clo.	49	C3
Bristo Pl.	48	B1
Bristo Port	48	B1
Bristo Sq.	48	B1
Broad Wynd	45	D1
Broomburn Gro.	46	A2
Broomfield Cres.	46	A3
Broomhouse Bk.	46	A3
Broomhouse Cotts.	46	A3
Broomhouse Cotts. E.	46	A3
Broomhouse Ct.	46	A3
Broomhouse Cres.	46	A3
Broomhouse Gdns. E.	46	A3
Broomhouse Gro.	46	A3
Broomhouse Ln.	46	A3
Broomhouse Mkt.	46	A3
Broomhouse Medway	46	A3
Broomhouse Pl. S.	46	A3
Broomhouse Row	46	A3
Broomhouse Sq.	46	A3
Broomhouse Ter.	46	A3
Broomhouse Wk.	46	A3
Broomhouse Way	46	A3
Broomhouse Wynd	46	A3
Broomside Ter.	46	A2
Brougham Pl.	48	B2
Brougham St.	48	B2
Broughton Mkt.	44	B3
Broughton Pl.	44	B3
Broughton Pl. La.	44	B3
Broughton Pl.		
Broughton Rd.	44	B2
Broughton St.	44	B3
Broughton St. La.	44	B3
Brown St.	49	C1
Brown St. La.	49	C1
Brown St.		
Brown's Clo.	49	C1
Canongate		
Brown's Pl.	48	B1
Vennel		
Brunston's Clo.	48	B1
High St.		
Brunswick Pl.	45	C3
Brunswick Rd.	45	C3
Brunswick St.	45	C3
Brunswick St. La.	45	C3
Brunswick Ter.	45	C3
Brunswick Rd.		
Brunton Gdns.	45	C3
Montgomery St.		
Brunton Pl.	45	C3
Brunton Ter.	45	C3
Bruntsfield Av.	48	A2
Bruntsfield Cres.	48	A2
Bruntsfield Gdns.	48	A2
Bruntsfield Pl.	48	A3
Bruntsfield Ter.	48	A2
Bryson Rd.	47	D2
Buccleuch Pl.	48	B2
Buccleuch St.	49	C2
Buccleuch Ter.	49	C2
Buchanan St.	45	C2
Buckingham Ter.	43	D3
Bull's Clo.	49	C1
Burgess St.	45	D1
Burgess Ter.	49	D3
Burlington St.	45	C1
Burns St.	45	D2
C		
Cables Wynd	45	C1
Cadiz St.	45	D1
Cadzow Pl.	45	D3
Cairnmuir Rd.	46	A1
Caithness Pl.	44	A1
Calder Rd. Gdns.	46	B3
Caledonian Cres.	47	D2
Caledonian Pl.	47	D2
Caledonian Rd.	48	A2
Calton Hill	45	C3
Calton Rd.	48	B1
Cambridge Av.	45	C2
Cambridge Gdns.	45	C2
Cambridge St.	48	A1
Cambridge St. La.	48	A1
Cambusnethan St.	45	D3
Cameron Cres.	49	D3
Cameron Ho. Av.	49	D3
Cameron March	49	D3
Cameron Pk.	49	D3
Cameron Ter.	49	D3
Cameron Toll	49	D3
Cameron Toll Gdns.	49	D3
Campbell Av.	47	C1
Campbell Rd.	47	C1
Campbell's Clo.	49	C1
Calton Rd.		
Canaan La.	48	A3
Candlemaker Row	48	B1
Canning St.	48	A1
Canning St. La.	48	A1
Cannon Wynd	45	C1
Canon La.	44	B3
Canon St.	44	B3
Canongate	49	C1
Canonmills	44	B2
Carberry Pl.	47	D1
Carfrae Gdns.	42	B3
Carfrae Gro.	42	B3
Carfrae Pk.	42	B3
Carfrae Rd.	42	B3
Cargil Ct.	44	A1
Cargil Ter.	44	A1
Carlton St.	44	A3
Carlton Ter.	45	C3
Carlton Ter. Brae	45	C3
Carlton Ter. La.	45	C3
Carlton Ter. Ms.	45	C3
Carlyle Pl.	45	D3
Carnegie Ct.	49	C1
Carnegie St.	49	C1
Caroline Gdns.	46	A1
Caroline Pk. Gro.	43	C1
Caroline Pl.	46	A1
Carpet La.	45	D1
Bernard St.		
Carrick Knowe Av.	46	A2
Carrick Knowe Dr.	46	A2
Carrick Knowe Gdns.	46	A2
Carrick Knowe Gro.	46	A2
Carrick Knowe Hill	46	A2
Carrick Knowe Ln.	46	A2
Carrick Knowe Parkway	46	A2
Carrick Knowe Pl.	46	A2
Carrick Knowe Rd.	46	A2
Carrick Knowe Ter.	46	A2
Carrington Cres.	43	D2
Crewe Rd. S.		
Carrington Rd.	43	D3
Carron Pl.	45	D1
Carrubber's Clo.	48	B1
High St.		
Casselbank St.	45	C2
Cassel's La.	45	C2
Castle Esp.	48	B1
Castle St.	48	A1
Castle Ter.	48	A1
Castle Wynd N.	48	B1
Castle Wynd S.	48	B1
Johnston Ter.		
Castlehill	48	B1
Cathcart Pl.	47	D2
Cathedral La.	44	B3
Catherine Pl.	44	B2
Cattle Rd.	46	B3
Causewayside	49	C2
Chalmers Bldgs.	48	A2
Fountainbridge		
Chalmers Clo.	48	B1
High St.		
Chalmers Cres.	48	B2
Chalmers St.	48	B2
Chamberlain Rd.	48	A3
Chambers St.	48	B1
Chancelot Cres.	44	B1
Chancelot Gro.	44	B1
Chancelot Ter.	44	B1
Chapel La.	45	D1
Maritime St.		
Chapel St.	49	C2
Chapel Wynd	48	B1
West Port		
Charles St.	48	B1
Charles St. La.	48	B1
Charlesfield	48	B1
Bristo Sq.		
Charlotte La.	48	A1
Charlotte Sq.	48	A1
Charterhall Gro.	48	B3
Chessels Ct.	49	C1
Chesser Av.	46	B3
Chesser Cotts.	46	B3
Gorgie Rd.		
Chesser Cres.	47	C3
Chesser Gdns.	46	B3
Chesser Gro.	46	B3
Chesser Ln.	46	B3
Chester St.	48	A1
Cheyne St.	44	A3
Chuckie Pend	48	A1

Name	Pg	Grid
Church Hill	48	A3
Church Hill Dr.	48	A3
Church Hill Pl.	48	A3
Circus Gdns.	44	A3
Circus La.	44	A3
Citadel Ct.	45	C1
Citadel Pl.	45	C1
Commercial St.		
Citadel St.	45	C1
Clapperton Pl.	45	D3
Lower London Rd.		
Clarebank Cres.	45	D2
Claremont Bk.	44	B3
Claremont Ct.	44	B2
Claremont Cres.	44	B2
Claremont Gdns.	45	D2
Claremont Gro.	44	B2
Claremont Pk.	45	D2
Claremont Rd.	45	D2
Clarence St.	44	A3
Clarendon Cres.	44	A3
Clark Av.	44	B1
Clark Pl.	44	A1
Clark Rd.	44	A1
Clearburn Cres.	49	D3
Clearburn Gdns.	49	D3
Clearburn Rd.	49	D3
Clerk St.	49	C2
Clermiston Rd.	46	A1
Clermiston Rd. N.	42	A3
Clermiston Ter.	46	A1
Clermiston Vw.	42	A3
Clerwood Gro.	46	A1
Clerwood Pl.	46	A1
Clerwood Ter.	46	A1
Clerwood Vw.	46	A1
Clifton Ter.	48	A1
Clinton Rd.	48	A3
Clockmill La.	45	D3
Clyde St.	44	B3
Coalhill	45	C1
Coates Cres.	48	A1
Coates Gdns.	47	D1
Coates Pl.	48	A1
Coatfield La.	45	D1
Cobden Cres.	49	C3
Cobden Rd.	49	C3
Cobden Ter.	48	A1
Coburg St	45	C1
Cochran Pl.	44	B3
East London St.		
Cochran Ter.	44	B3
Cochrane Pl.	45	D2
Cockburn St.	48	B1
Coffin La.	47	D2
Coinyie Ho. Clo.	49	C1
Blackfriars St.		
Colinton Rd.	47	D3
College Wynd	48	B1
Cowgate		
Collins Pl.	44	A3
Coltbridge Av.	47	C1
Coltbridge Gdns.	47	C1
Coltbridge Millside	47	C1
Coltbridge Av.		
Coltbridge Ter.	47	C1
Coltbridge Vale	47	D1
Columba Av.	42	B3
Columba Rd.	42	B3
Colville Pl.	44	A3
Comely Bk.	43	D3
Comely Bk. Av.	44	A3
Comely Bk. Gro.	43	D3
Comely Bk. Pl.	44	A3
Comely Bk. Pl. Ms.	44	A3
Comely Bk. Rd.	43	D3
Comely Bk. Row	44	A3
Comely Bk. St.	43	D3
Comely Bk. Ter.	44	A3
Comely Grn. Cres.	45	D3
Comely Grn. Pl.	45	D3
Commercial St.	45	C1
Commercial Wf.	45	D1
Connaught Pl.	44	B1
Constitution Pl.	45	D1
Constitution St.	45	D2
Convening Ct.	43	D3
Dean Path		
Corbiehill Av.	42	B2
Corbiehill Cres.	42	A2
Corbiehill Gdns.	42	B2
Corbiehill Gro.	42	B2
Corbiehill Pk.	42	A2
Corbiehill Pl.	42	A2
Corbiehill Rd.	42	A2
Corbiehill Ter.	42	A2
Cornhill Ter.	45	D2
Cornwall St.	48	A1
Cornwallis Pl.	44	B3
Coronation Wk.	48	B2
Corporation Bldgs.	45	C1
Sheriff Brae		
Corstorphine Hill Av.	46	A1
Corstorphine Hill Cres.	46	A1
Corstorphine Hill Gdns.	46	A1
Corstorphine Hill Rd.	46	A1
Corstorphine Ho. Av.	46	A2
Corstorphine Ho. Ter.	46	A2
Corstorphine Pk. Gdns.	46	A2
Corstorphine Rd.	46	B2
Corunna Pl.	45	C1
Cottage Pk.	42	B3
Couper St.	45	C1
Cowan Rd.	47	D3
Cowan's Clo.	49	C2
Cowgate	48	B1
Cowgatehead	48	B1
Coxfield	47	C3
Craigcrook Av.	42	B3
Craigcrook Gdns.	42	B3
Craigcrook Gro.	42	B3
Craigcrook Pk.	42	B3
Craigcrook Pl.	42	B3
Craigcrook Rd.	42	A3
Craigcrook Sq.	42	B3
Craigcrook Ter.	42	B3
Craighall Av.	44	B1
Craighall Bk.	44	B1
Craighall Cres.	44	B1
Craighall Gdns.	44	B1
Craighall Rd.	44	B1
Craighall Ter.	44	B1
Craigleith Av. N.	47	C1
Craigleith Av. S.	47	C1
Craigleith Bk.	43	C3
Craigleith Cres.	43	C3
Craigleith Dr.	43	C3
Craigleith Gdns.	43	C3
Craigleith Gro.	43	C3
Craigleith Hill	43	C3
Craigleith Hill Av.	43	C3
Craigleith Hill Cres.	43	C3
Craigleith Hill Gdns.	43	C3
Craigleith Hill Grn.	43	C3
Craigleith Hill Gro.	43	C3
Craigleith Hill Ln.	43	C3
Craigleith Hill Pk.	43	C3
Craigleith Hill Row	43	C3
Craigleith Ri.	47	C1
Craigleith Rd.	43	C3
Craigleith Vw.	47	C1
Craiglockhart Ter.	47	D3
Craigmillar Pk.	49	C3
Cranston St.	49	C1
Crarae Av.	47	C1
Crawford Bri.	45	D3
Rothwell St.		
Crawford St.	49	C3
Crescent, The	46	B3
Gorgie Rd.		
Crewe Bk.	43	D1
Crewe Cres.	43	C1
Crewe Gro.	43	C1
Crewe Ln.	43	C1
Crewe Path	43	C1
Crewe Pl.	43	C1
Crewe Rd. Gdns.	43	C1
Crewe Rd. N.	43	C1
Crewe Rd. S.	43	D2
Crewe Rd. W.	43	C1
Crewe Ter.	43	C1
Crewe Toll	43	C2
Crichton St.	48	B1
Crighton Pl.	45	C2
Croall Pl.	45	C2
Croft-an-righ	45	C3
Cromwell St.	45	C1
Crown Pl.	45	C2
Crown St.	45	C2
Cuddy La.	48	A3
Cumberland St.	44	B3
Cumberland St. N. E. La.	44	B3
Cumberland St. N. W. La.	44	B3
Cumberland St. S. E. La.	44	B3
Cumberland St. S. W. La.	44	B3
Cumin Pl.	49	C2
Cumlodden Av.	47	C1
Cunningham Pl.	45	C2

D

Name	Pg	Grid
Dairsie Pl.	45	D3
Stanley Pl.		
Daisy Ter.	47	D2
Merchiston Gro.		
Dalgety Av.	45	D3
Dalgety Rd.	45	D3
Dalgety St.	45	D3
Dalkeith Rd.	49	C2
Dalmeny Rd.	44	B1
Dalmeny St.	45	C2
Dalry Pl.	48	A1
Dalry Rd.	47	D2
Dalry Rd. La.	47	D2
Dalry Rd.		
Dalrymple Cres.	49	C3
Dalziel Pl.	45	D3
London Rd.		
Damside	47	D1
Danube St.	44	A3
Darling's Bldgs.	44	A3
Saunders St.		
Darnaway St.	44	A3
Darnell Rd.	44	A1
Davidson Gdns.	42	B2
Davidson Pk.	43	C2
Davidson Rd.	43	C2
Davie St.	49	C1
Dean Bk. La.	44	A3
Dean Bri.	44	A3
Dean Pk. Cres.	44	A3
Dean Pk. Ms.	44	A3
Dean Pk. St.	44	A3
Dean Path	43	D3
Dean Path Bldgs.	43	D3
Dean Path		
Dean St.	44	A3
Dean Ter.	44	A3
Deanhaugh St.	44	A3
Delhaig	47	C3
Denham Grn. Av.	44	A1
Denham Grn. Pl.	44	A1
Denham Grn. Ter.	44	A1
Derby St.	44	B1
Devon Pl.	47	D1
Dewar Pl.	48	A1
Dewar Pl. La.	48	A1
Dick Pl.	48	B3
Dickson St.	45	C2
Dickson's Clo.	48	B1
High St.		
Dickson's Ct.	48	B1
Bristo Sq.		
Distillery La.	48	A1
Dalry Rd.		
Dock Pl.	45	C1
Dock St.	45	C1
Dorset Pl.	48	A2
Douglas Cres.	47	D1
Douglas Gdns.	47	D1
Douglas Gdns. Ms.	47	D1
Douglas Ter.	48	A1
Doune Ter.	44	A3
Downfield Pl.	47	D2
Downie Gro.	46	A2
Downie Ter.	46	A2
Drum Pk. Yd.	45	D3
Albion Rd.		
Drum Ter.	45	D3
Drumdryan St.	48	A2
Drummond Pl.	44	B3
Drummond St.	49	C1
Drumsheugh Gdns.	44	A3
Drumsheugh Pl.	48	A1
Queensferry St.		
Dryden Gdns.	45	C2
Dryden Pl.	49	C2
Dryden St.	45	C2
Dryden Ter.	45	C2
Drylaw Av.	43	C3
Drylaw Cres.	42	B3
Drylaw Gdns.	42	B3
Drylaw Grn.	42	B3
Drylaw Gro.	42	B3
Drylaw Ho. Gdns.	42	B2
Drylaw Ho. Paddock	42	B2
Dublin Meuse	44	B3
Dublin St.	44	B3
Dublin St. La.	44	B3
Dublin St. La. S.	44	B3
Dudley Av.	44	B1
Dudley Av. S.	45	C1
Dudley Bk.	44	B1
Dudley Cres.	44	B1
Dudley Gdns.	44	B1
Dudley Gro.	44	B1
Dudley Ter.	44	B1
Duff St.	47	D2
Duff St. La.	47	D2
Duke Pl.	45	D2
Duke St.	45	D2
Duke's Wk.	45	D3
Dumbiedykes Rd.	49	C1
Dun-ard Gdn.	48	B3
Dunbar St.	48	A1
Duncan Pl.	45	D2
Duncan St.	49	C3
Dundas St.	44	B3
Dundee St.	47	D2
Dundee Ter.	47	D2
Dundonald St.	44	B3
Dunedin St.	44	B2
Dunlop's Ct.	48	B1
Grassmarket		
Dunrobin Pl.	44	A3
Durham Pl.	44	B3
Dundas St.		

E

Name	Pg	Grid
Earl Grey St.	48	A1
Earl Haig Gdns.	44	A1
Earl Haig Homes	46	B3
Earlston Pl.	45	D3
East Adam St.	49	C1
East Barnton Av.	42	A2
East Barnton Gdns.	42	A2
East Broughton Pl.	44	B3
Broughton Pl.		
East Castle Rd.	48	A2
East Champanyie	49	C3
East Claremont St.	44	B3
East Ct.	43	C3
East Cromwell St.	45	C1
East Crosscauseway	49	C2
East Fettes Av.	43	D2
East Fountainbridge	48	A1
East Hermitage Pl.	45	D2
East Lillyput	44	A1
East London St.	44	B3
East Mkt. St.	49	C1
East Mayfield	49	C3
East Montgomery Pl.	45	C3
East Newington Pl.	49	C2
East Norton Pl.	45	C3
East Parkside	49	C2
East Preston St.	49	C2
East Preston St. La.	49	C2
East Preston St.		
East Restalrig Ter.	45	D2
East Savile Rd.	49	C3
East Sciennes St.	49	C2
East Scotland St. La.	44	B3
East Silvermills La.	44	A3
East Suffolk Rd.	49	D3
East Trinity Rd.	44	A1
Easter Belmont Rd.	46	B1
Easter Drylaw Av.	43	C2
Easter Drylaw Bk.	43	C2
Easter Drylaw Dr.	43	C2
Easter Drylaw Gdns.	43	C2
Easter Drylaw Gro.	43	C2
Easter Drylaw Ln.	43	C2
Easter Drylaw Pl.	43	C2
Easter Drylaw Vw.	43	C2
Easter Drylaw Way	43	C2
Easter Hermitage	45	D2
Easter Pk. Dr.	42	A2
Easter Rd.	45	C3
Easter Warriston	44	B2
Eden La.	48	A3
Eden Ter.	48	A3
Newbattle Ter.		
Edina Pl.	45	D3
Edina St.	45	C3
Eglinton Cres.	47	D1
Eglinton St.	47	D1
Egypt Ms.	48	B3
Eildon St.	44	B2
Eildon Ter.	44	A2
Elbe St.	45	D1
Elder St.	44	B3
Elder St. E.	44	B3
Elgin Pl.	47	D1
Elgin St. N.	45	C3
Elgin St. S.	45	C3
Elgin Ter.	45	C3
Elizafield	45	C2
Ellersly Rd.	47	C1
Elliot St.	45	C3
Elm Pl.	45	D2
Elm Row	45	C3
Elmwood Ter.	45	D2
Eltringham Gdns.	47	C3
Eltringham Gro.	47	C3
Eltringham Ter.	47	C3
Erskine Pl.	48	A1
Shandwick Pl.		
Esdaile	48	B3
Eton Ter.	44	A3
Ettrick Gro.	48	A2
Ettrick Rd.	47	D3
Ettrickdale Pl.	44	A3
Eyre Cres.	44	B3
Eyre Pl.	44	B3
Eyre Ter.	44	B3

F

Name	Pg	Grid
Falcon Av.	48	A3
Falcon Ct.	48	A3
Falcon Gdns.	48	A3
Falcon Rd.	48	A3
Falcon Rd. W.	48	A3
Falkland Gdns.	42	A3
Ferry Rd.	44	B1
Ferry Rd. Av.	43	C2
Ferry Rd. Dr.	43	C1
Ferry Rd. Gdns.	43	C2
Ferry Rd. Gro.	43	C2
Ferry Rd. Pl.	43	C2
Ferryfield	43	D1
Festival Sq.	48	A1
Fettes Av.	43	D3
Fettes Ri	43	D2
Fettes Row	44	B3
Fidra Ct.	42	B1
Findhorn Pl.	49	C3
Fingal Pl.	48	B2
Fingzies Pl.	45	D2
Fleshmarket Clo.	48	B1
High St.		

Forbes Rd. 48 A2
Forbes St. 49 C2
Fords Rd. 46 B3
Forres St. 44 A3
Forrest Hill 48 B1
Forrest Rd. 48 B1
Forrester Pk. Grn. 46 A3
Forth St. 44 B3
Forthview Rd. 43 C3
Forthview Ter. 42 B3
Fountainbridge 48 A2
Fountainhall Rd. 49 C3
Fowler Ter. 47 D2
Fox Covert Av. 42 A3
Fox Covert Gro. 42 A3
Fraser Av. 44 A1
Fraser Cres. 44 A1
Fraser Gdns. 44 A1
Fraser Gro. 44 A1
Frederick St. 44 B3

G
Gabriel's Rd. 44 B3
 West Register St.
Gabriel's Rd. 44 A3
 (Stockbridge)
Gardiner Gro. 42 B3
Gardiner Rd. 42 B3
Gardiner Ter. 42 B3
Gardner St. 45 D3
 Lower London Rd.
Gardner's Cres. 48 A1
Garscube Ter. 47 C1
Gayfield Clo. 45 C3
 Gayfield Sq.
Gayfield Pl. 45 C3
Gayfield Pl. La. 45 C3
Gayfield Sq. 45 C3
Gayfield St. 45 C3
General's Entry 48 B1
 Bristo Sq.
George IV Bri. 48 B1
George Sq. 48 B2
George Sq. La. 48 B2
George St. 48 A1
Gibb's Entry 49 C1
 Simon Sq.
Gibson St. 45 C2
Gibson Ter. 48 A2
Gifford Pk. 49 C2
Gilchrist's Entry 44 B3
 Leith St.
Gilchrist's La. 45 C3
 Greenside Row
Giles St. 45 C1
Gillespie Cres. 48 A2
Gillespie Pl. 48 A2
Gillespie St. 48 A2
Gillsland Pk. 47 D3
Gillsland Rd. 47 D3
Gilmore Pk. 48 A2
Gilmore Pl. 48 A2
Gilmore Pl. La. 48 A2
Gilmour Rd. 49 C3
Gilmour Pl. 49 C1
Gilmour's Entry 49 C1
 Gilmour St.
Gladstone Pl. 45 D2
Gladstone Ter. 49 C2
Glanville Pl. 44 A3
 Kerr St.
Glebe Pl. 48 B1
 High St.
Glen St. 48 B2
Glencairn Cres. 47 D1
Glendevon Av. 46 B2
Glendevon Gdns. 46 B2
Glendevon Gro. 46 B2
Glendevon Pk. 46 B2
Glendevon Pl. 46 B2
Glendevon Rd. 46 B2
Glendevon Ter. 46 B2
Glenfinlas St. 48 A1
Glengyle Ter. 48 A2
Glenisla Gdns. 48 B3
Glenisla Gdns. La. 48 B3
 Glenisla Gdns.
Glenlea Cotts. 47 C3
Glenogle Pl. 44 A3
Glenogle Rd. 44 A3
Glenogle Ter. 44 A2
Glenorchy Pl. 45 C3
 Greenside Row
Glenorchy Ter. 49 C3
Gloucester La. 44 A3

Gloucester Pl. 44 A3
Gloucester Sq. 44 A3
 Gloucester La.
Gloucester St. 44 A3
Goldenacre Ter. 44 A3
Gordon Ln. 46 A1
Gordon Rd. 46 A1
Gordon St. 45 D2
Gorgie Cotts. 47 C3
Gorgie Pk. Clo. 47 C3
Gorgie Pk. Rd. 47 C3
Gorgie Rd. 47 C2
Gosford Pl. 44 B1
Graham St. 45 C1
Granby Rd. 49 C3
Grandfield 44 B1
Grandville 44 B1
Grange Ct. 49 C2
 Causewayside
Grange Cres. 48 B3
Grange Ln. 48 B3
Grange Ln. Gdns. 48 B3
Grange Rd. 48 B2
Grange Ter. 48 B3
Granton Cres. 43 D1
Granton Gdns. 43 D1
Granton Gro. 43 D1
Granton Mains Av. 43 C1
Granton Mains Bk. 43 C1
Granton Mains Brae 43 C1
Granton Mains Ct. 43 C1
Granton Mains E. 43 C1
 West Granton Rd.
Granton Mains Gait 43 C1
Granton Mains Vale 43 C1
Granton Mains Wynd 43 C1
Granton Medway 43 D1
Granton Pl. 43 D1
Granton Rd. 44 A1
Granton Ter. 43 D1
Granton Vw. 43 D1
Grantully Pl. 49 C3
Granville Ter. 48 A2
Grassmarket 48 B1
Grays Ct. 49 C1
Gray's Ln. 47 D3
Great Junct. St. 45 C1
Great King St. 44 B3
Great Michael Ri. 44 B1
Great Michael Sq. 42 A2
 Main St.
Great Stuart St. 48 A1
Green, The 42 A3
Green St. 44 B3
Greenhill Ct. 48 A2
Greenhill Gdns. 48 A2
Greenhill Pk. 48 A3
Greenhill Pl. 48 A3
Greenhill Ter. 48 A2
Greenside Ct. 45 C3
 Greenside Row
Greenside La. 45 C3
Greenside Pl. 45 C3
Greenside Row 45 C3
Greyfriars Pl. 48 B1
 Candlemaker Row
Grierson Av. 44 A1
Grierson Cres. 44 A1
Grierson Gdns. 44 A1
Grierson Rd. 43 D1
Grierson Sq. 44 A1
Grierson Vills. 44 A1
Grigor Av. 43 C2
Grigor Dr. 43 C2
Grigor Gdns. 43 C2
Grigor Ter. 43 C2
Grindlay St. 48 A1
Grindlay St. Ct. 48 A1
Groathill Av. 43 C3
Groathill Gdns. E. 43 C3
Groathill Gdns. W. 43 C3
Groathill Rd. N. 43 C2
Groathill Rd. S. 43 C3
Grosvenor Cres. 47 D1
Grosvenor Gdns. 47 D1
Grosvenor St. 48 A1
Grove St. 48 A1
Grove Ter. 48 A1
 Grove St.
Guardianswood 47 C1
Gullan's Clo. 49 C1
Gunnet Ct. 42 B1

Guthrie St. 48 B1
Gypsy Brae 43 C1

H
Haddington Pl. 45 C3
Haddington's Entry 49 C1
 Reid's Clo.
Haddon's Ct. 49 C1
Hailes St. 48 A2
Hall Ter. 46 A2
Halmyre St. 45 C2
Hamburgh Pl. 45 C1
 Lindsay Rd.
Hamilton Pl. 44 A3
Hamilton Wynd 45 C1
Hampton Pl. 47 D1
 West Catherine Pl.
Hampton Ter. 47 D1
Hanover St. 44 B3
Harden Pl. 47 D2
Hardwell Clo. 49 C2
Harrison Gdns. 47 D3
Harrison La. 47 D3
Harrison Pl. 47 D3
Harrison Rd. 47 D3
Hart St. 44 B3
Hart St. La. 44 B3
 Hart St.
Hartington Gdns. 48 A2
Hartington Pl. 48 A2
Hatton Pl. 48 B2
Haugh St. 44 A3
Hawkhill Av. 45 D2
Hawkhill Ct. 45 D2
Hawkhill Vills. 45 D2
 Lochend Rd.
Hawthorn Bldgs. 47 D1
 Belford Rd.
Hawthorn Ter. 48 A1
 Hawthornbank La.
Hawthornbank La. 44 B1
Hawthornbank Pl. 45 C1
Hawthornbank Ter. 45 C1
Hawthornden Pl. 45 C2
Hawthornvale 44 B1
Haymarket 48 A1
Haymarket Ter. 47 D1
Hazelbank Ter. 47 D3
Henderland Rd. 47 C1
Henderson Gdns. 45 C1
Henderson Pl. 44 B3
Henderson Pl. La. 44 B3
Henderson Row 44 A3
Henderson St. 45 C1
Henderson Ter. 47 D2
Henry Pl. 49 C2
Henry St. 49 C2
Heriot Bri. 48 B1
Heriot Cross 48 B1
 Heriot Bri.
Heriot Hill Ter. 44 B2
Heriot Pl. 48 B1
Heriot Row 44 A3
Hermand Cres. 47 D3
Hermand St. 47 C3
Hermand Ter. 47 C3
Hermitage Pk. 45 D2
Hermitage Pk. Gro. 45 D2
Hermitage Pk. S. 45 D2
Hermitage Pl. 45 D2
Hermits Cft. 49 C2
High Riggs 48 A1
High Sch. Yards 49 C1
High St. 48 B1
Hill Pl. 49 C1
Hill Sq. 49 C1
Hill St. 44 A3
Hill St. N. La. 44 A3
Hill St. S. La. 44 A3
Hillhouse Rd. 42 A2
Hillpark Av. 42 A3
Hillpark Brae 42 A3
Hillpark Ct. 42 A3
Hillpark Cres. 42 A3
Hillpark Dr. 42 A2
Hillpark Gdns. 42 A3
Hillpark Grn. 42 A3
Hillpark Gro. 42 A3
Hillpark Ln. 42 B3
Hillpark Rd. 42 A3
Hillpark Ter. 42 A3
Hillpark Way 42 B3
Hillpark Wd. 42 B3
Hillside Cres. 45 C3
Hillside St. 45 C3

Hillview 42 B3
Hollybank Ter. 47 D3
Holyrood Ct. 49 C1
Holyrood Pk. Rd. 49 C2
Holyrood Rd. 49 C1
Home St. 48 A2
Hope Pk. Cres. 49 C2
Hope Pk. Sq. 48 B2
 Meadow La.
Hope Pk. Ter. 49 C2
Hope St. 48 A1
Hope St. La. 48 A1
Hope Ter. 48 B3
Hopefield Ter. 45 C1
Hopetoun Cres. 45 C3
Hopetoun Cres. La. 45 C3
Hopetoun St. 45 C2
Horne Ter. 48 A2
Horse Wynd 49 C1
House o' Hill Av. 42 B2
House o' Hill Brae 42 B2
House o' Hill Cres. 42 B2
House o' Hill Gdns. 42 B2
House o' Hill Grn. 42 B2
House o' Hill Gro. 42 B2
House o' Hill Pl. 42 B2
House o' Hill Rd. 42 B2
House o' Hill Row 42 B2
House o' Hill Ter. 42 B3
Howard Pl. 44 B2
Howard St. 44 B2
Howden St. 49 C1
Howe St. 44 B3
Hugh Miller Pl. 44 A3
Hunter Sq. 48 B1
Huntly St. 44 B2
Hutchison Av. 47 C3
Hutchison Cotts. 47 C3
Hutchison Crossway 47 C3
Hutchison Gro. 47 C3
Hutchison Ln. 47 C3
Hutchison Medway 47 C3
Hutchison Pk. 47 C3
Hutchison Pl. 47 C3
Hutchison Rd. 47 C3
Hutchison Ter. 47 C3
Hutchison Vw. 47 C3

I
India Bldgs. 48 B1
 Victoria St.
India Pl. 44 A3
India St. 44 A3
Industrial Rd. 45 D2
Industry Home 45 C1
 Industry La.
Industry La. 45 C1
Infirmary St. 49 C1
Inglis Ct. 48 B1
 West Port
Inverleith Av. 44 A2
Inverleith Av. S. 44 A2
Inverleith Gdns. 44 A2
Inverleith Gro. 43 D2
Inverleith Pl. 43 D2
Inverleith Pl. La. 44 A2
Inverleith Row 44 A2
Inverleith Ter. 44 A2
Inverleith Ter. La. 44 A2
Iona St. 45 C2
Ivy Ter. 47 D2

J
Jamaica Ms. 44 A3
Jamaica St. 44 A3
Jamaica St. N. La. 44 A3
Jamaica St. S. La. 44 A3
James' St. 48 B1
 Lawnmarket
James Craig Wk. 44 B3
Jameson Pl. 45 C2
Jane St. 45 C2
Jane Ter. 45 D3
 Comely Grn. Cres.
Jawbone Wk. 48 B2
Jeffrey Av. 42 B3
Jeffrey St. 49 C1
Jessfield Ter. 44 B1
John's La. 45 D1
John's Pl. 45 D1
Johnston Ter. 48 B1
Jordan La. 48 A3

Junction Pl. 45 C2

K
Kaimes Rd. 46 A1
Keir St. 48 B1
Keith Cres. 42 B3
Keith Row 43 C3
Keith Ter. 43 C3
Kemp Pl. 44 A3
Kerr St. 44 A3
Kew Ter. 47 D1
Kilgraston Ct. 48 B3
Kilgraston Rd. 48 B3
Kilmaurs Rd. 49 D3
Kilmaurs Ter. 49 D3
Kincaid's Ct. 48 B1
Kinellan Gdns. 47 C1
Kinellan Rd. 47 C1
King St. 45 C1
Kinghorn Pl. 44 B1
King's Bri. 48 B1
King's Stables La. 48 B1
King's Stables Rd. 48 A1
Kingsburgh Rd. 47 C1
Kinnear Rd. 43 D2
Kirk Ln. 46 A2
Kirk St. 45 C2
Kirkgate 45 C3
 Leith Wk.
Kirkhill Dr. 49 D3
Kirkhill Gdns. 49 D2
Kirkhill Rd. 49 D2
Kirkhill Ter. 49 D2
Kirkwood Pl. 45 D3
 Lower London Rd.
Kittle Yards 49 C3
Kyle Pl. 45 C3
 Montrose Ter.

L
Ladehead 44 B2
Ladiemeadow 46 A2
Lady Lawson St. 48 B1
Lady Menzies Pl. 45 D3
Lady Rd. 49 D3
Lady Stair's Clo. 48 B1
 North Bk. St.
Lady Wynd 48 B1
Laichfield 46 B3
Laichpark La. 46 B3
 Chesser Ln.
Laichpark Pl. 46 B3
Laichpark Rd. 46 B3
Lamb's Clo. 49 C2
 East Crosscauseway
Lampacre Rd. 46 A2
Langton Rd. 49 C3
Lansdowne Cres. 47 D1
Lapicide Pl. 45 C1
Largo Pl. 45 C1
Lauder Ln. 48 B3
Lauder Rd. 48 B2
Lauderdale St. 48 B2
Laurel Ter. 47 D2
Laurie St. 45 D2
Lauriston Fm. Rd. 42 A2
Lauriston Gdns. 48 B1
Lauriston Pk. 48 B1
Lauriston Pl. 48 B1
Lauriston St. 48 B1
Lauriston Ter. 48 B1
Laverockbank Av. 44 B1
Laverockbank Cres. 44 B1
Laverockbank Gdns. 44 B1
Laverockbank Gro. 44 B1
Laverockbank Rd. 44 B1
Laverockbank Ter. 44 B1
Lawnmarket 48 B1
Leamington Pl. 48 A2
 Leamington Ter.
Leamington Rd. 48 A2
Leamington Ter. 48 A2
Learmonth Av. 43 D3
Learmonth Ct. 43 D3
Learmonth Cres. 43 D3
Learmonth Gdns. 43 D3
Learmonth Gdns. La. 43 D3
Learmonth Gdns. Ms. 44 A3
Learmonth Gro. 43 D3
Learmonth Pk. 43 D3
Learmonth Pl. 43 D3
Learmonth Ter. 43 D3
Learmonth Ter. La. 43 D3
Learmonth Vw. 43 D3
 Learmonth Ter.

Street	Page	Grid
Leith Links	45	D2
Leith St.	44	B3
Leith St. Ter.	44	B3
Leith St.		
Leith Wk.	45	C3
Lennel Av.	47	C1
Lennox Row	44	A1
Lennox St.	44	A3
Lennox St. La.	44	A3
Leopold Pl.	45	C3
Leslie Pl.	44	A3
Leven Clo.	48	A2
Leven St.		
Leven St.	48	A2
Leven Ter.	48	B2
Lewis Ter.	48	A1
Liddesdale Pl.	44	A3
Lily Ter.	47	D3
Shandon Pl.		
Limes, The	48	A3
Lindean Pl.	45	D2
Lindsay Pl.	48	B1
Chambers St.		
Lindsay Pl. (Leith)	45	C1
Lindsay Rd.	45	C1
Lindsay St.	45	C1
Links Gdns.	45	D1
Links Gdns. La.	45	D1
Links La.	45	D1
Links Pl.	45	D1
Little King St.	44	B3
Livingstone Pl.	48	B2
Lixmount Av.	44	B1
Lixmount Gdns.	44	B1
Loch Rd.	42	B3
Lochend Av.	45	D3
Lochend Castle Barns	45	D3
Lochend Clo.	49	C1
Canongate		
Lochend Dr.	45	D3
Lochend Gdns.	45	D3
Lochend Pk.	45	D3
Lochend Rd.	45	D2
Lochend Rd. S.	45	D3
Lochend Sq.	45	D3
Lochrin Bldgs.	48	A2
Lochrin Pl.	48	A2
Lochrin Ter.	48	A2
Thornybauk		
Lochview Ct.	49	C1
Lockharton Gdns.	47	D3
Logan St.	44	B3
Logie Grn. Gdns.	44	B2
Logie Grn. Ln.	44	B2
Logie Grn. Rd.	44	B2
Logie Mill	44	B2
Lomond Rd.	44	A1
London Rd.	45	C3
London St.	44	B3
Longstone Cres.	46	B3
Longstone Gdns.	46	A3
Longstone Ter.	46	A3
Longstone Vw.	46	A3
Lonsdale Ter.	48	B2
Lord Russell Pl.	49	C2
Causewayside		
Lorne Pl.	45	C2
Lorne Sq.	45	C2
Lorne St.	45	C2
Lothian Rd.	48	A1
Lothian St.	48	B1
Lovers' Ln.	48	B2
Lower Gilmore Pl.	48	A2
Lower London Rd.	45	D3
Lufra Bk.	44	A1
Lutton Pl.	49	C2
Lyne St.	45	D3
Lynedoch Pl.	48	A1
Lynedoch Pl. La.	48	A1

M

Street	Page	Grid
MacDowall Rd.	49	C3
Mackenzie Pl.	44	A3
Madeira Pl.	45	C1
Madeira St.	45	C1
Magdala Cres.	47	D1
Magdala Ms.	47	D1
Maidencraig Ct.	43	C3
Maidencraig Cres.	43	C3
Maidencraig Gro.	43	C3
Main Point	48	B1
Main St.	42	A2
Malta Grn.	44	A3
St. Bernard's Row		
Malta Ter.	44	A3
Manderston St.	45	C2
Manor Pl.	48	A1
Mansfield Pl.	44	B3
Mansionhouse Rd.	48	B2
March Gro.	42	B3
March Pines	42	A3
March Rd.	42	A3
Marchfield Gdns.	42	A2
Hillhouse Rd.		
Marchfield Gro.	42	B2
Marchfield Pk.	42	A2
Marchfield Pk. La.	42	A2
Marchfield Ter.	42	B3
Marchhall Cres.	49	D2
Marchhall Pl.	49	D2
Marchhall Rd.	49	D2
Marchmont Cres.	48	B2
Marchmont Gdns.	48	B2
Marchmont Rd.	48	B2
Marchmont St.	48	B2
Mardale Cres.	48	A3
Marine Dr.	42	A1
Marionville Av.	45	D3
Marionville Pk.	45	D3
Marionville Rd.	45	D3
Marischal Pl.	43	C3
Queensferry Rd.		
Maritime La.	45	D1
Maritime St.	45	D1
Market St.	48	B1
Marshall Pl.	45	D3
Lower London Rd.		
Marshall St.	48	B1
Marshall's Ct.	45	C3
Martin's Ct.	45	D1
Bernard St.		
Maryfield	45	C3
Maryfield Pl.	45	D3
Mary's Pl.	44	A3
Raeburn Pl.		
Maxwell St.	48	A3
May Ct.	42	B1
Mayfield Gdns.	49	C3
Mayfield Gdns. La.	49	C3
Mayfield Rd.	49	C3
Mayfield Ter.	49	C3
Mayville Gdns.	44	B1
Mayville Gdns. E.	44	B1
McDonald Pl.	44	B2
McDonald Rd.	44	B2
McDonald St.	45	C2
McLaren Rd.	49	D3
McLaren Ter.	48	A1
McLeod St.	47	D2
McNeill St.	48	A2
Meadow La.	48	B2
Meadow Pl.	48	B2
Meadow Pl. La.	48	B2
Meadowbank	45	D3
Meadowbank Av.	45	D3
Meadowbank Cres.	45	D3
Meadowbank Ter.	45	D3
Meadowhouse Rd.	46	A2
Meggetland Gate	47	C3
Meggetland Ter.	47	D3
Melbourne Pl.	48	B1
George IV Bri.		
Melgund Ter.	44	B3
Melville Cres.	48	A1
Melville Pl.	48	A1
Queensferry St.		
Melville St.	48	A1
Melville St. La.	48	A1
Melville Ter.	48	B2
Mentone Gdns.	49	C3
Mentone Ter.	49	C3
Merchant St.	48	B1
Candlemaker Row		
Merchiston Av.	48	A2
Merchiston Bk. Av.	48	A3
Merchiston Bk. Gdns.	48	A3
Merchiston Cres.	47	D3
Merchiston Gro.	47	D2
Merchiston Ms.	48	A2
Merchiston Pk.	48	A2
Merchiston Pl.	48	A2
Mertoun Pl.	47	D2
Meuse La.	48	B1
Mid Gillsland Rd.	47	D3
Middle Meadow Wk.	48	B2
Middleby Ct.	49	C3
South Gray St.		
Middleby St.	49	C3
Middlefield	45	C2
Mill La.	45	C1
Millar Cres.	48	A3
Millar Pl.	48	A3
Millar Pl. La.	48	A3
Miller Row	48	A1
Millerfield Pl.	48	B2
Milnacre	44	B1
Milton St.	45	D3
Minto St.	49	C2
Mitchell St.	45	D1
Moat Dr.	47	C3
Moat Pl.	47	C3
Moat St.	47	C3
Moat Ter.	47	C3
Moncrieff Ter.	49	C2
Monkwood Ct.	48	B3
Monmouth Ter.	44	A2
Montagu Ter.	44	A2
Montague St.	49	C2
Montgomery St.	45	C3
Montgomery St. La.	45	C3
Montpelier	48	A2
Montpelier Pk.	48	A2
Montpelier Ter.	48	A2
Montrose Ter.	45	C3
Moray Pl.	44	A3
Morningside Pk.	48	A3
Morningside Pl.	48	A3
Morningside Rd.	48	A3
Morningside Ter.	48	A3
Morrison Circ.	48	A1
Morrison Cres.		
Morrison Cres.	48	A2
Morrison St.	48	A1
Mortonhall Rd.	48	B3
Moston Ter.	49	C3
Mound, The	48	B1
Mound Pl.	48	B1
Mount Gra.	48	B3
Muirdale Ter.	42	B3
Muirhouse Av.	42	B2
Muirhouse Bk.	42	B2
Muirhouse Cres.	42	B1
Muirhouse Dr.	42	B1
Muirhouse Gdns.	42	B1
Muirhouse Grn.	42	B2
Muirhouse Gro.	42	B1
Muirhouse Ln.	42	B1
Muirhouse Medway	42	B2
Muirhouse Pk.	42	B2
Muirhouse Parkway	42	B1
Muirhouse Pl. E.	42	B2
Muirhouse Pl. W.	42	B2
Muirhouse Ter.	42	B2
Muirhouse Vw.	42	B1
Muirhouse Way	42	B2
Mulberry Pl.	44	B1
Newhaven Rd.		
Munro Pl.	44	B2
Canonmills		
Murano Pl.	45	C3
Murdoch Ter.	48	A2
Murieston Cres.	47	D2
Murieston Cres. La.	47	D2
Murieston La.	47	D2
Murieston Pl.	47	D2
Murieston Rd.	47	D2
Murieston Ter.	47	D2
Murrayfield Av.	47	C1
Murrayfield Dr.	47	C1
Murrayfield Gdns.	47	C1
Murrayfield Pl.	47	C1
Murrayfield Rd.	47	C1
Myreside Rd.	47	D3
Myrtle Ter.	47	D2

N

Street	Page	Grid
Napier Rd.	47	D3
Nelson Pl.	44	B3
Dublin Meuse		
Nelson St.	44	B3
Nether Craigwell	49	C1
Netherby Rd.	44	A1
New Arthur Pl.	49	C1
New Bells Ct.	45	D1
New Broughton	44	B3
New John's Pl.	49	C2
New La.	44	B1
New Mart Rd.	46	B3
New Morrison St.	48	A1
New Orchardfield	45	C2
New Skinners Clo.	49	C1
Blackfriars St.		
New St.	49	C1
Newbattle Ter.	48	A3
Newhaven Rd.	44	B1
Newington Rd.	49	C2
Newkirkgate	45	C2
Newlands Pk.	49	C3
Mayfield Gdns.		
Newmarket Rd.	47	C3
Newton St.	47	D2
Nicolson Sq.	49	C1
Nicolson St.	49	C1
Niddry St.	48	B1
Niddry St. S.	48	B1
Cowgate		
Nile Gro.	48	A3
Nisbet Ct.	45	D2
Noble Pl.	45	D2
North Bk. St.	48	B1
North Bri.	48	B1
North Bri. Arc.	48	B1
North Bri.		
North Castle St.	44	A3
North Charlotte St.	48	A1
North E. Circ. Pl.	44	A3
North Fort St.	45	C1
North Hillhousefield	45	C1
North Junct. St.	45	C1
North Leith Mill	45	C1
North Leith Sands	45	C1
North Meadow Wk.	48	B2
North Meggetland	47	D3
North Pk. Ter.	44	A3
North Richmond St.	49	C1
West Adam St.		
North St. Andrew La.	44	B3
North St. Andrew St.		
North St. Andrew St.	44	B3
North St. David St.	44	B3
North Werber Pk.	43	D2
North Werber Pl.	43	D2
North Werber Rd.	43	D2
North W. Circ. Pl.	44	A3
Northcote St.	47	D2
Northlawn Ter.	42	A3
Northumberland Pl.	44	B3
Northumberland St.		
Northumberland Pl. La.	44	B3
Northumberland St.	44	B3
Northumberland St. N. E. La.	44	B3
Northumberland St. N. W. La.	44	B3
Northumberland St. S. E. La.	44	B3
Northumberland St. S. W. La.	44	B3
Northview Ct.	45	D3
Norton Pk.	45	D3

O

Street	Page	Grid
Oak La.	42	A3
Oakfield Pl.	49	C1
Oakville Ter.	45	D2
Ogilvie Ter.	47	D3
Old Assembly Clo.	48	B1
High St.		
Old Broughton	44	B3
Old Dalkeith Rd.	49	D3
Old Fishmarket Clo.	48	B1
Old Kirk Rd.	46	A1
Old Quadrangle	48	B1
South Bri.		
Old Tolbooth Wynd	49	C1
Orchard Bk.	43	D3
Orchard Brae	43	D3
Orchard Brae Av.	43	D3
Orchard Brae Gdns.	43	D3
Orchard Brae Gdns. W.	43	D3
Orchard Brae W.	43	D3
Orchard Brae		
Orchard Cres.	43	C3
Orchard Dr.	43	C3
Orchard Gro.	43	D3
Orchard Pl.	43	D3
Orchard Rd.	43	D3
Orchard Rd. S.	43	C3
Orchard Ter.	43	D3
Orchard Toll	43	D3
Orchardfield La.	45	C2
Ormidale Ter.	47	C1
Orwell Pl.	47	D2
Orwell Ter.	47	D2
Osborne Ter.	47	D1
Oswald Ct.	48	B3
Oswald Rd.	48	B3
Oxford St.	49	C2
Oxford Ter.	44	A3

P

Street	Page	Grid
Paddockholm, The	46	A2
Palmerston Pl.	47	D1
Palmerston Pl. La.	48	A1
Palmerston Pl.		
Palmerston Rd.	48	B2
Panmure Pl.	48	B2
Pape's Cotts.	47	C1
Park Pl.	44	B1
Park Rd.	44	B1
Parkside St.	49	C2
Parkside Ter.	49	C2
Parkvale Pl.	45	D2
Parliament Pl.	45	C1
Parliament St.		
Parliament Sq.	48	B1
Parliament St.	45	C1
Patrick Geddes Steps	48	B1
Patriothall	44	A3
Hamilton Pl.		
Pattison St.	45	D1
Peel Ter.	49	C3
Peffermill Rd.	49	D3
Pembroke Pl.	47	D1
Pennywell Cotts.	42	B1
Pennywell Ct.	42	B1
Pennywell Gdns.	42	B1
Pennywell Gro.	42	B1
Pennywell Medway	42	B1
Pennywell Pl.	42	B1
Pennywell Rd.	42	B1
Pennywell Vills.	42	B1
Perdrixknowe	47	C3
Persevere Ct.	45	C1
Perth St.	44	A3
Picardy Pl.	44	B3
Pilrig Cotts.	45	C2
Pilrig Gdns.	45	C2
Pilrig Glebe	45	C2
Pilrig Ho. Clo.	45	C2
Pilrig Pl.	45	C2
Pilrig St.	45	C2
Pilton Av.	43	D1
Pilton Cres.	43	D1

Pilton Dr. 43 D1
Pilton Dr. N. 43 D1
Pilton Gdns. 43 D1
Pilton Ln. 43 D1
Pilton Pk. 43 D1
Pilton Pl. 43 D1
Pinkhill 46 A2
Pirrie St. 45 C2
Pitlochry Pl. 45 D3
Pitsligo Rd. 48 A3
Pitt St. 45 C1
Pittencrieff Ct. 44 B1
Craighall Ter.
Playfair Steps 48 B1
The Mound
Pleasance 49 C1
Polwarth Cres. 48 A2
Polwarth Gdns. 47 D2
Polwarth Gro. 47 D2
Polwarth Pk. 47 D2
Polwarth Pl. 47 D2
Polwarth Ter. 47 D3
Ponton St. 48 A2
Poplar La. 45 D1
Porterfield Rd. 43 D2
Portgower Pl. 44 A3
Portland Pl. 45 C1
North Junct. St.
Portland St. 45 C1
Portland Ter. 45 C1
North Junct. St.
Portsburgh Sq. 48 B1
West Port
Potterrow 48 B1
Prestonfield Av. 49 D3
Prestonfield Bk. 49 D3
Prestonfield Cres. 49 D3
Prestonfield Gdns. 49 D3
Prestonfield Rd. 49 D3
Prestonfield Ter. 49 D3
Priestfield Av. 49 D3
Priestfield Cres. 49 D3
Priestfield Gdns. 49 D3
Priestfield Gro. 49 D2
Priestfield Rd. 49 D2
Priestfield Rd. N. 49 D2
Primrose Bk. Rd. 44 A1
Primrose St. 45 D2
Primrose Ter. 47 D2
Prince Regent St. 45 C1
Princes St. 48 A1
Prospect Bk. Cres. 45 D2
Prospect Bk. Gdns. 45 D2
Prospect Bk. Rd. 45 D2

Q

Quality St. 42 A2
Quality St. La. 42 A2
Quarry Clo. 49 C2
Quayside St. 45 C1
Queen Charlotte La. 45 D1
Queen Charlotte St.
Queen Charlotte St. 45 D1
Queen St. 44 A3
Queen St. Gdns. E. 44 B3
Queen St. Gdns. W. 44 B3
Queen's Av. 42 B3
Queen's Av. S. 43 C3
Queen's Cres. 49 C3
Queen's Dr. 49 C1
Queen's Gdns. 43 C3
Queen's Pk. Av. 45 D3
Queen's Rd. 43 C3
Queensferry Rd. 43 C3
Queensferry St. 48 A1
Queensferry St. La. 48 A1
Queensferry Ter. 43 D3
Quilts, The 45 C1
Quilts Wynd 45 C1

R

Raeburn Ms. 44 A3
Raeburn Pl. 44 A3
Raeburn St. 44 A3
Ramsay Gdn. 48 B1
Ramsay La. 48 B1
Randolph Cliff 48 A1
Randolph Cres. 48 A1
Randolph La. 48 A1
Randolph Pl. 48 A1
Rankeillor St. 49 C2
Rankin Rd. 49 C3
Ratcliffe Ter. 49 C3
Ravelston Ct. 47 C1
Ravelston Dykes 47 C1
Ravelston Dykes La. 46 B1
Ravelston Dykes Rd. 42 B3
Ravelston Gdn. 47 C1
Ravelston Heights 42 B3
Ravelston Ho. Gro. 43 C3
Ravelston Ho. Ln. 43 C3
Ravelston Ho. Pk. 43 C3
Ravelston Ho. Rd. 43 C3
Ravelston Pk. 47 D1
Ravelston Pl. 47 D1
Belford Rd.
Ravelston Ri. 47 C1
Ravelston Ter. 43 D3
Redbraes Gro. 44 B2
Redbraes Pl. 44 B2
Reekie's Ct. 49 C1
Regent Bri. 44 B3
Waterloo Pl.
Regent Pl. 45 D3
Regent Rd. 49 C1
Regent Ter. 45 C3
Regent Ter. Ms. 45 C3
Register Pl. 44 B3
Reid Ter. 44 A3
Reid's Clo. 49 C1
Reid's Ct. 49 C1
Canongate
Relugas Gdns. 49 C3
Relugas Pl. 49 C3
Relugas Rd. 49 C3
Restalrig Pk. 45 D2
Restalrig Rd. 45 D2
Restalrig Ter. 45 D2
Richmond La. 49 C1
Richmond Pl. 49 C1
Richmond Ter. 48 A1
Riego St. 48 A1
Rillbank Cres. 48 B2
Rillbank Ter. 48 B2
Rintoul Pl. 44 A3
Ritchie Pl. 47 D2
Riversdale Cres. 47 C2
Riversdale Gro. 47 C1
Riversdale Rd. 47 C1
Robb's Ln. 47 C3
Robb's Ln. Gro. 47 C3
Robertson Av. 47 C2
Robertson's Clo. 49 C1
Robertson's Ct. 49 C1
Calton Rd.
Rocheid Pk. 43 D2
Rocheid Path 44 A2
Rochester Ter. 48 A3
Rodney St. 44 B3
Romero Pl. 49 C2
Ronaldson's Wf. 45 C1
Sandport Pl.
Rose Pk. 44 A1
Rose St. 48 A1
Rose St. N. La. 48 A1
Rose St. S. La. 48 A1
Rosebank Cotts. 48 A1
Rosebank Gdns. 44 A1
Rosebank Gro. 44 A1
Rosebank Rd. 44 A1
Rosebery Cres. 47 D1
Rosebery Cres. La. 47 D1
Roseburn Av. 47 C1
Roseburn Cliff 47 C1
Roseburn Cres. 47 C1
Roseburn Dr. 47 C1
Roseburn Gdns. 47 C1
Roseburn Pl. 47 C1
Roseburn St. 47 C2
Roseburn Ter. 47 C1
Rosemount Bldgs. 48 A1
Roseneath Pl. 48 B2
Roseneath St. 48 B2
Roseneath Ter. 48 B2
Rosevale Pl. 45 D2
Rosevale Ter. 45 D2
Roseville Gdns. 44 B1
Ross Gdns. 49 C3
Ross Pl. 49 C3
Rossie Pl. 45 D3
Rosslyn Cres. 45 C2
Rosslyn Ter. 45 C2
Rothesay Ms. 47 D1
Rothesay Pl. 48 A1
Rothesay Ter. 48 A1
Roull Pl. 46 A2
Roxburgh Pl. 49 C1
Roxburgh St. 49 C1
Roxburgh Ter. 49 C1
Drummond St.
Royal Circ. 44 A3
Royal Cres. 44 B3
Royal Pk. Pl. 45 D3
Royal Pk. Ter. 45 D3
Royal Ter. 45 C3
Royal Ter. Ms. 45 C3
Royston Mains Av. 43 C1
Royston Mains Clo. 43 D1
Royston Mains Cres. 43 C1
Royston Mains Gdns. 43 D1
Royston Mains Grn. 43 D1
Royston Mains Pl. 43 C1
Royston Mains Rd. 43 D1
Royston Mains St. 43 C1
Royston Ter. 44 A2
Russell Pl. 44 A1
Russell Rd. (Dalry) 47 D2
Russell Rd. (Roseburn) 47 D1
Rutland Ct. 48 A1
Rutland Ct. La. 48 A1
Rutland Pl. 48 A1
West End
Rutland Sq. 48 A1
Rutland St. 48 A1
Ryehill Av. 45 D2
Ryehill Gdns. 45 D2
Ryehill Gro. 45 D2
Ryehill Pl. 45 D2
Ryehill Ter. 45 D2

S

St. Alban's Rd. 48 B3
St. Andrew Pl. 45 D2
St. Andrew Sq. 44 B3
St. Anthony Ct. 45 C1
St. Anthony St.
St. Anthony La. 45 C1
St. Anthony St.
St. Anthony Pl. 45 C1
St. Anthony St. 45 C1
St. Bernard's Cres. 44 A3
St. Bernard's Pl. 44 A3
Saunders St.
St. Bernard's Row 44 A3
St. Catherine's Gdns. 46 B2
St. Catherine's Pl. 49 C2
St. Clair Av. 45 D2
St. Clair Pl. 45 D2
St. Clair Rd. 45 D2
St. Clair St. 45 D2
St. Colme St. 48 A1
St. David's Pl. 48 A1
Morrison St.
St. David's Ter. 48 A1
Morrison St.
St. Giles' St. 48 B1
St. James Cen. 44 B3
St. James Pl. 44 B3
St. James Sq. 44 B3
James Craig Wk.
St. John St. 49 C1
St. John's Av. 46 A2
St. John's Cres. 46 A2
St. John's Gdns. 46 A2
St. John's Hill 49 C1
St. John's Pl. 49 C1
Holyrood Rd.
St. John's Ter. 46 A2
St. Leonard's Bk. 49 C2
St. Leonard's Crag 49 C2
St. Leonard's Hill 49 C2
St. Leonard's La. 49 C2
St. Leonard's St. 49 C2
St. Margaret's Pl. 48 B3
St. Margaret's Rd. 48 A3
St. Mary's St. 49 C1
St. Patrick Sq. 49 C2
St. Patrick St. 49 C2
St. Peter's Bldgs. 48 A2
Gilmore Pl.
St. Peter's Pl. 48 A2
St. Stephen Pl. 44 A3
St. Stephen St.
St. Stephen St. 44 A3
St. Teresa Pl. 47 D3
St. Thomas Rd. 48 B3
St. Vincent St. 44 A3
Salamander Pl. 45 D1
Salamander St. 45 D1
Salisbury Pl. 49 C2
Salisbury Rd. 49 C2
Salmond Pl. 45 D3
Saltire Society 48 B1
High St.
Salvesen Cres. 42 B1
Salvesen Gdns. 42 B1
Salvesen Gro. 42 B1
Salvesen Ter. 42 B1
Sandport 45 D1
Sandport Pl. 45 C1
Sandport St. 45 C1
Sauchiebank 47 D2
Saughton Av. 47 C2
Saughton Cres. 46 B2
Saughton Gdns. 46 B2
Saughton Gro. 46 B2
Saughton Ln. 46 B2
Saughton Mains Av. 46 A3
Saughton Mains Bk. 46 B3
Saughton Mains Cotts. 46 A3
Saughton Mains Gdns.
Saughton Mains Dr. 46 A3
Saughton Mains Gdns. 46 A3
Saughton Mains Gro. 46 B3
Saughton Mains Ln. 46 A3
Saughton Mains Pk. 46 A3
Saughton Mains Pl. 46 A3
Saughton Mains St. 46 A3
Saughton Mains Ter. 46 A3
Saughton Pk. 46 B2
Saughton Rd. 46 A3
Saughton Rd. N. 46 A2
Saughtonhall Av. 46 B2
Saughtonhall Av. W. 46 B2
Saughtonhall Circ. 47 C2
Saughtonhall Cres. 46 B2
Saughtonhall Dr. 46 B2
Saughtonhall Gdns. 47 C2
Saughtonhall Gro. 47 C2
Saughtonhall Pl. 46 B2
Saughtonhall Ter. 47 C2
Saunders St. 44 A3
Savile Pl. 49 C3
Savile Ter. 49 C3
Saxe Coburg St. 44 A3
Saxe-Coburg Pl. 44 A3
Saxe-Coburg Ter. 44 A3
Saxe Coburg St.
Sciennes 49 C2
Sciennes Gdns. 49 C2
Sciennes Hill Pl. 49 C2
Sciennes
Sciennes Ho. Dr. 49 C2
Sciennes
Sciennes Ho. Pl. 49 C2
Sciennes Pl. 49 C2
Sciennes Rd. 48 B2
Scotland St. 44 B3
Seaforth Dr. 43 C3
Seaforth Ter. 43 C3
Seaport St. 45 D1
Bernard St.
Semple St. 48 A1
Seton Pl. 49 C2
Shaftesbury Pk. 47 D3
Shandon Cres. 47 D3
Shandon Pl. 47 D3
Shandon Rd. 47 D3
Shandon St. 47 D3
Shandon Ter. 47 D3
Shandwick Pl. 48 A1
Shaw's Pl. 45 C2
Shaw's Sq. 45 C3
Gayfield Sq.
Shaw's St. 45 C2
Shaw's Ter. 45 C2
Sheriff Bk. 45 C1
Sheriff Brae 45 C1
Sheriff Pk. 45 C1
Shore 45 D1
Shore Pl. 45 D1
Shrub Pl. 45 C2
Shrub Pl. La. 45 C3
Shrub Pl.
Sienna Gdns. 49 C2
Silverknowes Av. 42 A2
Silverknowes Bk. 42 A2
Silverknowes Brae 42 A2
Silverknowes Ct. 42 A2
Silverknowes Cres. 42 A1
Silverknowes Dell 42 A2
Silverknowes Dr. 42 A2
Silverknowes Eastway 42 A2
Silverknowes Gdns. 42 A1
Silverknowes Grn. 42 B2
Silverknowes Gro. 42 A1
Silverknowes Hill 42 A2
Silverknowes Ln. 42 A2
Silverknowes Midway 42 B2
Silverknowes Neuk 42 B2
Silverknowes Parkway 42 A1
Silverknowes Pl. 42 A1
Silverknowes Rd. 42 A1
Silverknowes Rd. E. 42 A2
Silverknowes Rd. S. 42 A2
Silverknowes Southway 42 B2
Silverknowes Ter. 42 A2
Silverknowes Vw. 42 B2
Silvermills 44 A3
Simon Sq. 49 C1
Slateford Rd. 47 C3
Sleigh Dr. 45 D3
Sloan St. 45 C2
Smithfield St. 47 C2
Smith's Pl. 45 C2
Society 48 B1
Chambers St.
Solicitor's Bldgs. 48 B1
Cowgate
Somerset Pl. 45 D2
South Barnton Av. 42 A2
South Beechwood 46 B2
South Bri. 48 B1
South Charlotte St. 48 A1
South Clerk St. 49 C2
South Coll. St. 48 B1
South E. Circ. Pl. 44 A3
South Ettrick Rd. 47 D3
South Fort St. 45 C1
South Gayfield La. 45 C3
Gayfield Sq.
South Gillsland Rd. 47 D3
South Gray St. 49 C3
South Gray's Clo. 49 C1
South Groathill Av. 43 C3
South Lauder Rd. 49 C3
South Laverockbank Av. 44 B1
South Learmonth Av. 43 D3
South Learmonth Gdns. 43 D3
South Lorne Pl. 45 C2
South Meadow Wk. 48 B2
Roseneath Ter.
South Oswald Rd. 48 B3
South Oxford St. 49 C2
South Pk. 44 B1
South St. Andrew St. 44 B3
South St. David St. 44 B3
South Sloan St. 45 C2
South Trinity Rd. 44 A1
Spence St. 49 C2
Spencer Pl. 44 A1
Spey St. 45 C2
Spey St. La. 45 C2
Spey Ter. 45 C2
Spiers Pl. 45 C1
Spittal St. 48 A1
Spittal St. La. 48 A1
Spittalfield Cres. 49 C2
St. Leonard's St.
Spottiswoode Rd. 48 B2
Spottiswoode St. 48 B2
Spring Gdns. 45 D3
Springfield 45 C2
Springfield Bldgs. 45 C2
Springfield St.
Springfield La. 45 C2
Springfield St. 45 C2
Springvalley Gdns. 48 A3
Springvalley Ter. 48 A3
Springwell Pl. 47 D2
Spylaw Rd. 47 D3
Stable La. 48 A3
Stafford St. 48 A1
Stair Pk. 47 C1
Stanhope Pl. 47 D1
Stanhope St. 47 D1
Stanley Pl. 45 D3
Stanley Rd. 44 B1
Stanwell St. 45 C2
Starbank Rd. 44 B1
Station Rd. 46 A2
Stead's Pl. 45 C2
Steel's Pl. 48 A3
Stenhouse Av. 46 B3

Stenhouse Av. W. 46 B3
Stenhouse Cotts. 46 B3
Stenhouse Cres. 46 B3
Stenhouse Cross 46 B3
Stenhouse Dr. 46 B3
Stenhouse Gdns. 46 B3
Stenhouse Gdns. N. 46 B3
Stenhouse Gro. 46 B3
Stenhouse Mill Cres. 46 B3
Stenhouse Mill La. 46 B3
Stenhouse Mill Wynd 46 B3
Stenhouse Pl. E. 46 B3
Stenhouse Pl. W. 46 B3
Stenhouse Rd. 46 B3
Stenhouse St. E. 46 B3
Stenhouse St. W. 46 A3
Stenhouse Ter. 46 B3
Stevenlaw's Clo. 48 B1
  High St.
Stevenson Av. 47 C2
Stevenson Dr. 46 B3
Stevenson Gro. 47 C2
Stevenson Rd. 47 C2
Stevenson Ter. 47 C2
Stewart Ter. 47 C2
Stewartfield 44 B2
Stirling Rd. 44 A1
Storrie's All. 45 C1
  Giles St.
Strachan Gdns. 42 B3
Strachan Rd. 42 B3
Strathearn Pl. 48 A3
Strathearn Rd. 48 B3
Strathfillan Rd. 48 B3
Succoth Av. 47 C1
Succoth Ct. 47 C1
Succoth Gdns. 47 C1
Succoth Pk. 47 C1
Succoth Pl. 47 C1
Suffolk Rd. 49 C3
Summer Pl. 44 B2
Summerbank 44 B3
Summerfield Gdns. 45 D2
Summerfield Pl. 45 D2
Summerhall 49 C2
Summerhall Pl. 49 C2
  Causewayside
Summerhall Sq. 49 C2
Summerside Pl. 44 B1
Summerside St. 44 B1
Sunbury Ms. 47 D1
Sunbury Pl. 47 D1
Sunbury St. 47 D1
Sunnybank Pl. 45 D3
Sunnybank Ter. 45 D3
Sunnyside 45 D3
Surgeon Sq. 49 C1
  Infirmary St.
Surrey Pl. 47 D1
  Borthwick Pl.
Surrey Sq. 47 D1
  Sutherland St.
Sutherland St. 47 D1
Swanfield 45 C1
Sycamore Gdns. 46 A2
  Saughton Rd. N.
Sycamore Ter. 46 A2
Sylvan Pl. 48 B2

T
Tanfield 44 B2
Tanfield La. 44 B2
  Tanfield
Tantallon Pl. 49 C2
Tarvit St. 48 A2
Tay St. 47 D2
Taylor Gdns. 45 C1
Taylor Pl. 45 D3
Telfer Subway 47 D2
Telford Dr. 43 C2
Telford Gdns. 43 C2
Telford Pl. 43 C2
Telford Rd. 43 C3
Temple Pk. Cres. 47 D2
Tennant St. 45 C2
Terrars Cft. 49 C2
Teviot Pl. 48 B1
Teviotdale Pl. 44 A3
Thirlestane La. 48 B3
Thirlestane Rd. 48 B2
Thistle Ct. 44 B3
  Thistle St.
Thistle Pl. 48 A2
Thistle St. 44 B3

Thistle St. N. E. La. 44 B3
Thistle St. N. W. La. 44 B3
Thistle St. S. E. La. 44 B3
Thistle St. S. W. La. 44 B3
Thomson's Ct. 48 B1
  Grassmarket
Thorntree St. 45 D2
Thorntreeside 45 D2
Thornville Ter. 45 D2
Thornybauk 48 A2
Timber Bush 45 D1
Tinto Pl. 45 C2
Tipperlinn Rd. 48 A3
Tobago Pl. 48 A1
  Morrison St.
Tolbooth Wynd 45 C1
Torphichen Pl. 48 A1
Torphichen St. 48 A1
Tower Pl. 45 D1
Tower St. 45 D1
Tower St. La. 45 D1
Townswomen's Guild Wk. 48 B2
Trafalgar La. 45 C1
Trafalgar St. 45 C1
Traquair Pk. E. 46 A2
Traquair Pk. W. 46 A2
Trinity Ct. 44 A1
Trinity Cres. 44 A1
Trinity Gro. 44 A1
Trinity Mains 44 A1
Trinity Rd. 44 A1
Tron Sq. 48 B1
Turnbull's Entry 48 B1
  Potterrow
Tyler's Acre Av. 46 A2
Tyler's Acre Gdns. 46 A2
Tyler's Acre Rd. 46 A2
Tynecastle Bldgs. 47 D2
  McLeod St.
Tynecastle La. 47 D2
Tynecastle Ter. 47 D2
  Gorgie Rd.
Tynecastle Ter. 47 D2
  Gorgie Rd.

U
Union Ct. 49 C1
  Richmond Pl.
Union Pl. 45 C3
Union St. 45 C3
Upper Bow 48 B1
Upper Coltbridge Ter. 47 C1
Upper Damside 47 D1
Upper Dean Pl. 44 A3
Upper Gilmore Pl. 48 A2
Upper Gilmore Ter. 48 A2
Upper Gray St. 49 C2
Upper Gro. Pl. 48 A2

V
Valleyfield St. 48 A2
Vanburgh Pl. 45 D2
Veitch's Sq. 44 A3
Vennel 48 B1
Ventnor Pl. 49 D3
Ventnor Ter. 49 C3
Victoria St. 48 B1
Victoria Ter. 48 B1
  Victoria St.
Viewcraig Gdns. 49 C1
Viewcraig St. 49 C1
Viewforth 48 A2
Viewforth Gdns. 48 A2
Viewforth Sq. 48 A2
Viewforth Ter. 48 A2
Violet Bk. 45 D3
  Spring Gdns.
Violet Ter. 47 D2
Vivian Ter. 42 A2

W
Walker St. 48 A1
Walker Ter. 48 A1
Wardie Av. 44 A1
Wardie Cres. 43 D1
Wardie Dell 43 D1
Wardie Gro. 43 D1
Wardie Ho. La. 44 A1
  Boswall Rd.
Wardie Pk. 44 A1
Wardie Rd. 44 A1
Wardie Sq. 44 A1
Wardie Steps 44 A1
Wardieburn Dr. 43 D1

Wardieburn Pl. E. 43 D1
Wardieburn Pl. N. 43 D1
Wardieburn Pl. S. 43 D1
Wardieburn Pl. W. 43 D1
Wardieburn Rd. 43 D1
Wardieburn St. E. 43 D1
Wardieburn St. W. 43 D1
Wardieburn Ter. 43 D1
Wardiefield 43 D1
Wardlaw Pl. 47 D2
Wardlaw St. 47 D2
Wardlaw Ter. 47 D2
Warrender Pk. Cres. 48 A2
Warrender Pk. Rd. 48 B2
Warrender Pk. Ter. 48 B2
Warriston Av. 44 B2
Warriston Clo. 48 B1
  High St.
Warriston Cres. 44 B2
Warriston Dr. 44 A2
Warriston Gdns. 44 A2
Warriston Gro. 44 A2
Warriston Pl. 44 B2
Warriston Rd. 44 B1
Warriston Ter. 44 A2
Washington La. 47 D2
Washington St. 47 D2
Water St. 45 D1
Waterloo Pl. 44 B3
Water's Clo. 45 D1
  Shore
Waterside Ct. 47 C1
  Coltbridge Av.
Watertoun Rd. 49 C3
Watson Cres. 47 D2
Watson's Bldgs. 42 A2
  Main St.
Waverley Bri. 48 B1
Waverley Pk. Ter. 45 D3
Waverley Pl. 45 D3
Waverley Steps 48 B1
Websters Land 48 B1
  West Port
Well Ct. 48 A1
Wellington Pl. 45 D1
Wellington St. 45 C3
Wemyss Pl. 44 A3
Wemyss Pl. Ms. 44 A3
West Adam St. 49 C1
West Annandale St. 44 D2
West App. Rd. 48 A2
West Bow 48 B1
West Bowling Grn. St. 45 C1
West Bryson Rd. 47 D2
West Castle Rd. 48 A2
West Catherine Pl. 47 D1
West Coates 47 D1
West Coll. St. 48 B1
West Ct. 43 C3
West Cromwell St. 45 C1
  Cromwell St.
West Crosscauseway 49 C2
West End 48 A1
West End Pl. 47 D2
West Ferryfield 43 D2
West Fountain Pl. 47 D2
West Gorgie Parks 47 C3
West Gra. Gdns. 48 B3
  Grange Ln.
West Granton Grn. 42 B1
West Granton Gro. 43 C1
West Granton Rd. 43 C1
West Maitland St. 48 A1
West Mayfield 49 C3
West Mill La. 43 D3
  Dean Path
West Montgomery Pl. 45 C3
West Newington Pl. 49 C2
West Nicolson St. 49 C1
West Norton Pl. 45 C3
West Pk. Pl. 47 D2
West Pilton Av. 42 B1
West Pilton Bk. 42 B1
West Pilton Cres. 42 B1
West Pilton Crossway 43 C1
West Pilton Dr. 43 C1
West Pilton Gdns. 43 C1
West Pilton Grn. 43 C1
West Pilton Gro. 43 C1
West Pilton Lea 43 C1
West Pilton Ln. 43 C1
West Pilton March 43 C1

West Pilton Pk. 43 C1
West Pilton Pl. 43 C1
West Pilton Ri. 43 C1
West Pilton Rd. 43 C1
West Pilton St. 43 C1
West Pilton Ter. 43 C1
West Pilton Vw. 43 C1
West Port 48 B1
West Powburn 49 C3
West Preston St. 49 C2
West Register St. 44 B3
West Relugas Rd. 48 B3
West Richmond St. 49 C1
West Savile Rd. 49 C3
West Savile Ter. 49 C3
West Scotland St. La. 44 B3
West Shore Rd. 42 B1
West Silvermills La. 44 A3
West Stanhope Pl. 47 D1
  Stanhope Pl.
West Tollcross 48 A2
West Werberside 43 D2
West Winnelstrae 43 D2
West Wds. 43 D2
Wester Coates Av. 47 D1
Wester Coates Gdns. 47 D1
Wester Coates Pl. 47 D1
Wester Coates Rd. 47 D1
Wester Coates Ter. 47 D1
Wester Drylaw Av. 42 B2
Wester Drylaw Dr. 42 B2
Wester Drylaw Pk. 43 C2
Wester Drylaw Pl. 42 B2
Wester Drylaw Row 43 C3
Western Cor. 46 B1
  Saughtonhall Dr.
Western Gdns. 47 C1
Western Pl. 47 C1
Western Ter. 47 C1
Westfield Av. 47 C2
Westfield Ct. 47 C2
Westfield Rd. 47 C2
Westfield St. 47 C2
Westhall Gdns. 48 A2
Wheatfield Pl. 47 C2
Wheatfield Rd. 47 C2
Wheatfield St. 47 D2
Wheatfield Ter. 47 C2
White Horse Clo. 49 C1
White Pk. 47 D2
Whitehall Ct. 42 B3
Whitehouse Ln. 48 A2
Whitehouse Ter. 48 B3
Whitingford 44 B1
Whitson Cres. 46 B2
Whitson Gro. 46 B2
Whitson Pl. E. 46 B2
Whitson Pl. W. 46 B2
Whitson Rd. 46 B2
Whitson Ter. 46 B2
Whitson Wk. 46 B2
Whitson Way 46 B2
Whyte Pl. 45 D3
William St. 48 A1
William St. La. N. E. 48 A1
William St. La. N. W. 48 A1
William St. La. S. E. 48 A1
William St. La. S. W. 48 A1
Willowbank Row 44 B1
Windmill La. 48 B2
  Buccleuch Pl.
Windmill Pl. 49 C2
  Chapel St.
Windsor St. 45 C3
Windsor St. La. 45 C3
Wishaw Ter. 45 D3
Woodbine Ter. 45 D2
Woodburn Pl. 48 A3
Woodburn Ter. 48 A3
Woodville Ter. 45 D2
Wright's Hos. 48 A2
Wyvern Pk. 48 B3

Y
Yardheads 45 C1
Yeaman La. 47 D2
Yeaman Pl. 47 D2
York Bldgs. 44 A3
  Queen St.
York La. 44 B3
York Pl. 44 B3

York Rd. 44 B1
Young St. 48 A1
Young St. La. N. 48 A1
Young St. La. S. 48 A1

Z
Zetland Pl. 44 A1

EDINBURGH

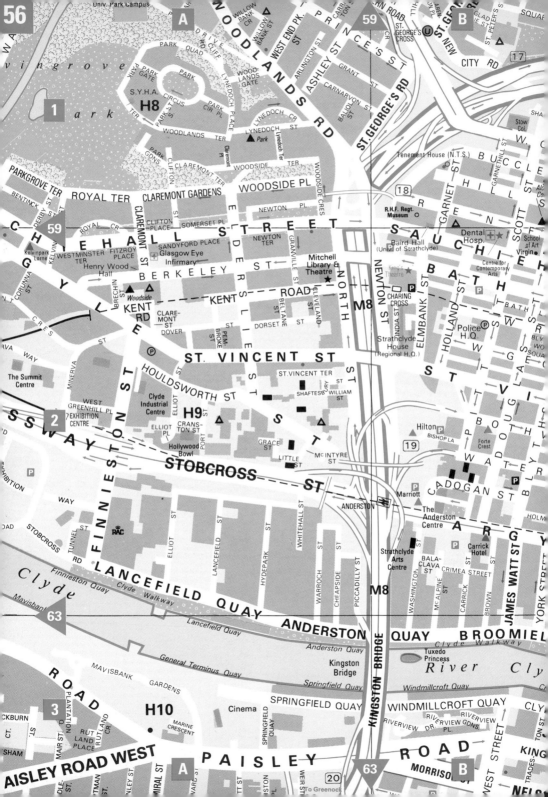

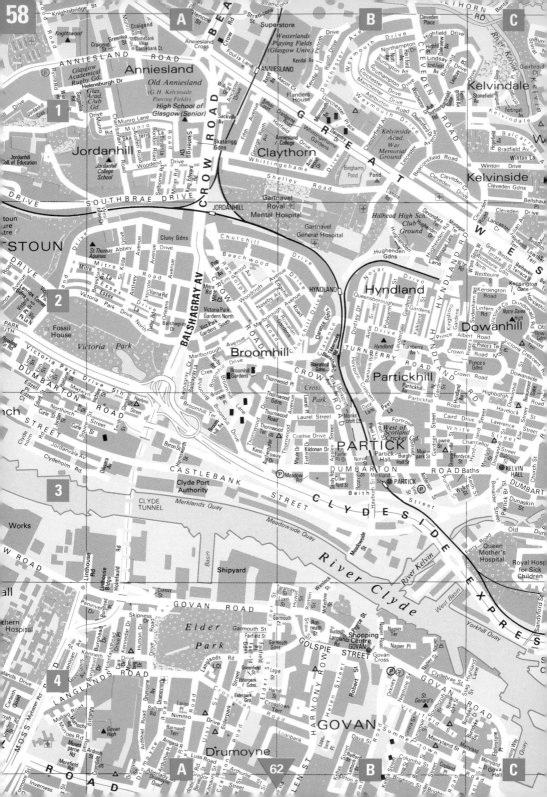

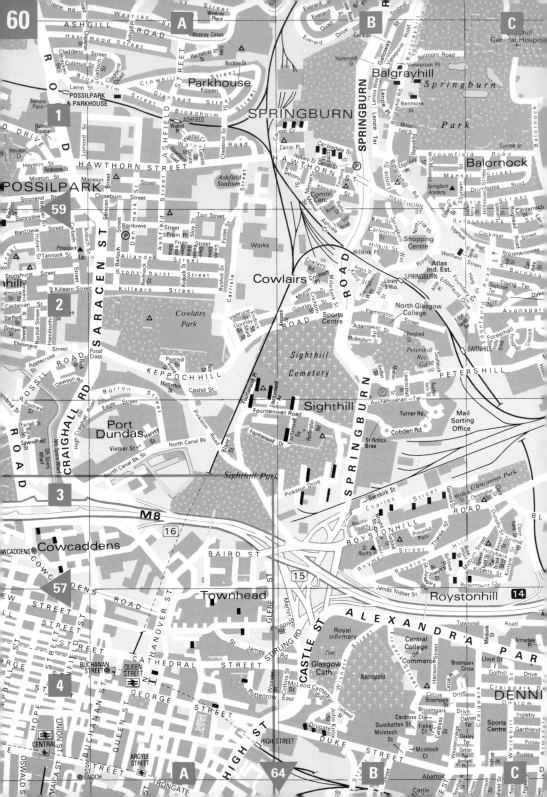

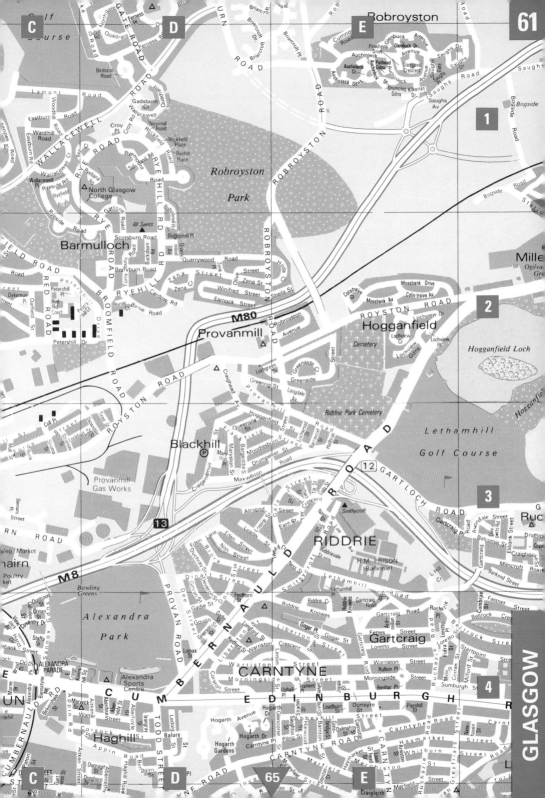

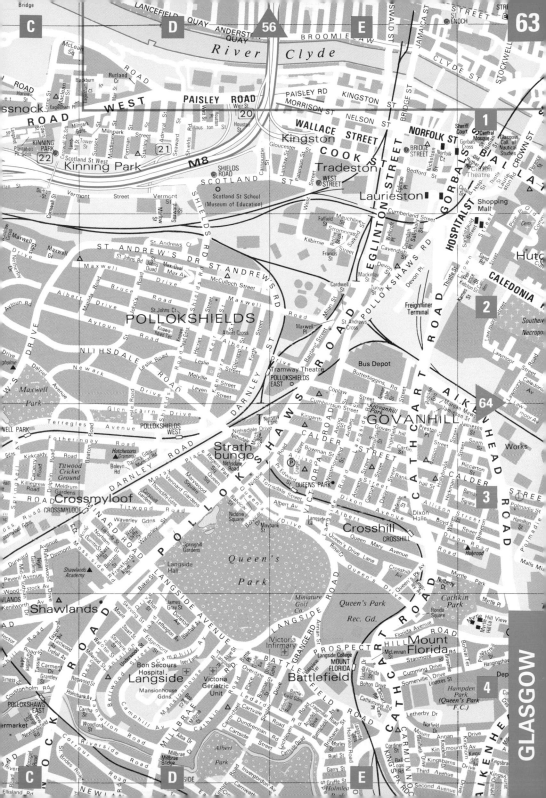

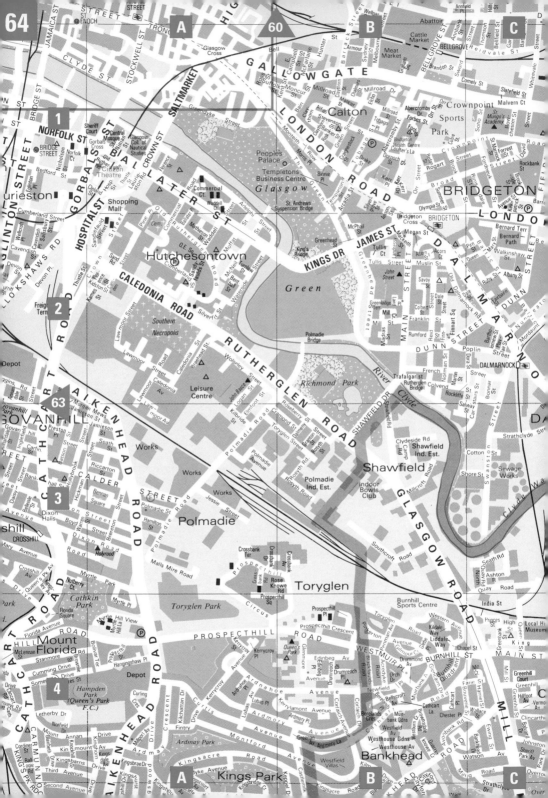

Street	Page	Grid
Abbey Dr.	58	A2
Abbeyhill St.	61	E4
Abbot St.	63	D3
Abbotsford Av.	65	C4
Abercromby Dr.	64	B1
Abercromby St.	64	B1
Aberdour St.	61	D4
Aberfeldy St.	61	D4
Aberfoyle St.	61	D4
Aberlady Rd.	58	A4
Abernethy St.	61	D4
Abington St.	59	E2
Aboyne St.	62	A1
Academy Pk.	62	C2
Acorn Ct.	64	B2
Acorn St.	64	B2
Acredyke Pl.	61	D1
Acredyke Rd.	64	B4
Adams Ct. La.	57	B3
Adamswell St.	60	B2
Addison Rd.	59	C2
Adelphi St.	64	A1
Admiral St.	63	D1
Afton St.	63	D4
Aikenhead Rd.	63	E2
Ailsa Dr.	63	D4
Airlie St.	58	B2
Airth Dr.	62	A2
Airth La.	62	A2
Airth Pl.	62	A2
Airthrey Av.	58	A2
Aitken St.	61	D4
Albany St.	64	C2
Albert Av.	63	E3
Albert Bri.	64	A1
Crown St.		
Albert Cross	63	D2
Albert Dr.	63	C2
Albert Pk.	63	D4
Albert Rd.	63	E3
Albion St.	57	C3
Alcaig Rd.	62	A3
Alexandra Par.	60	B4
Alexandra Pk.	61	D4
Alexandra Pk. St.	61	C4
Alford St.	60	A2
Alfred Ter.	59	C2
Algie St.	63	D4
Allan Pl.	65	C3
Allan St.	65	C3
Allander St.	60	A2
Alleysbank	65	C3
Allison St.	63	E3
Alma St.	65	C1
Almond St.	61	D3
Alness Cres.	62	A2
Altyre St.	65	E2
Alva Gdns.	62	A3
Alva Gate	62	A2
Alyth Gdns.	62	A2
Amisfield St.	59	D1
Ancaster Dr.	58	A1
Ancroft St.	59	E2
Anderson St.	58	B3
Anderston	59	D4
Anderston Quay	56	A3
Angus St.	60	B2
Annan Dr.	65	D4
Annan St.	63	E4
Annandale St.	63	E2
Annbank St.	64	B1
Annette St.	63	E3
Annfield Pl.	60	B4
Anniesland	58	A1
Anniesland Cross	58	A1
Anson St.	64	B2
Anstruther St.	65	E1
Appin Rd.	61	C4
Applecross St.	59	E2
Apsley St.	58	B3
Aray St.	59	C1
Ardbeg St.	63	E3
Ardenlea St.	65	C2
Ardlaw St.	62	A1
Ardlui St.	65	E2
Ardmay Cres.	64	A4
Ardmay Pk.	64	A4
Ardmillan St.	61	E4
Ardmory Av.	64	A4
Ardmory La.	64	B4
Ardmory Pl.	64	B4
Ardnahoe Av.	64	A4
Ardnahoe Pl.	64	A4
Ardneil Rd.	62	A1
Ardnish St.	58	A4
Ardo Gdns.	62	B1
Ardoch St.	59	E2
Ardshiel St.	58	A4
Arduthie Rd.	58	A4
Ardwell Rd.	62	A2
Argyle Arc.	57	C2
Argyle St.	56	B2
Arisaig Dr.	62	A2
Arisaig Pl.	62	A2
Ark La.	60	B4
Arklet Rd.	58	A4
Arlington St.	56	A1
Armadale Ct.	60	C4
Armadale Path	61	C4
Armadale Pl.	60	C4
Armadale St.	60	B4
Armour St.	64	B1
Arngask Rd.	58	A4
Arnhall Pl.	62	A2
Arnholm Pl.	62	A2
Arniston St.	61	E4
Arnold St.	59	E1
Arnwood Dr.	58	B1
Aros Dr.	62	A3
Arran Dr.	62	A2
Arrol Pl.	65	C2
Arthur St.	59	C3
Overnewton St.		
Arthurlie St.	58	A4
Arundel Dr.	63	E4
Ascaig Cres.	62	A3
Ascog St.	63	E3
Ascot Av.	58	A1
Ascot Ct.	58	B1
Ashburton Rd.	58	B1
Ashdale Dr.	62	A3
Ashfield St.	60	A2
Ashgill Pl.	60	A2
Ashgill Rd.	59	E1
Ashgrove St.	64	C3
Ashkirk Dr.	62	A2
Ashley St.	56	A1
Ashton Rd.	64	C3
Ashtree Rd.	62	C4
Ashvale Cres.	60	B2
Athole Gdns.	58	C2
Atlas Ind. Est.	60	B2
Atlas Pl.	60	B2
Atlas Rd.	60	B2
Auchenshuggle	65	E2
Auchentorlie St.	58	A3
Auchentoshan Ter.	60	B3
Auchinleck Av.	61	E1
Auchinleck Cres.	61	E1
Auchinleck Dr.	61	E1
Auchinleck Gdns.	61	E1
Auchinloch St.	60	B2
Auckland St.	59	E2
Auldbar Rd.	62	A2
Auldgirth Rd.	62	A2
Austen Rd.	58	A1
Avenue St.	64	C1
(Bridgeton)		
Avenue St.	65	C3
(Rutherglen)		
Avenuepark St.	59	D2
Aviemore Rd.	62	A3
Avon St.	63	D1
Avonbank Rd.	64	B4
Avonspark St.	60	C2
Ayr St.	60	B2
Aytoun Rd.	63	C2
B		
Back Causeway	65	D1
Bagnell Rd.	60	B1
Bain St.	64	B1
Bainsford St.	65	E1
Baird St.	57	C1
Baker St.	63	D3
Balaclava St.	56	B2
Balbeg St.	62	A1
Balblair Rd.	62	A3
Balcarres Av.	58	C1
Balerno St.	62	A2
Balfour St.	59	C1
Balfron Rd.	58	A4
Balgair St.	59	E1
Balglass St.	59	E2
Balgonie Rd.	62	A2
Balgraybank St.	60	B2
Balgrayhill	60	B1
Balgrayhill Rd.	60	B1
Baliol St.	56	A1
Ballater Pl.	64	A2
Ballater St.	64	A1
Ballindalloch Dr.	60	C4
Balloch Gdns.	62	A2
Ballochmill Rd.	65	D4
Ballogie Rd.	63	E4
Balmore Pl.	59	E1
Balmore Sq.	59	E1
Balornock	60	C1
Balornock Rd.	60	C1
Balshagray Av.	58	A2
Balshagray Cres.	58	A2
Balshagray Dr.	58	A2
Balshagray La.	58	A2
Baltic Ct.	64	C2
Baltic La.	64	C2
Dalmarnock Rd.		
Baltic St.	64	C2
Balure St.	61	D4
Balvaird Dr.	64	C4
Balvicar Dr.	63	D3
Balvicar St.	63	D3
Banavie Rd.	58	B2
Bank St.	59	D3
Bankhall St.	63	E3
Bankhead	64	B4
Bankhead Dr.	64	C4
Bankier St.	64	B1
Banknock St.	65	E1
Bannatyne Av.	61	C4
Barclay St.	60	B1
Bardowie St.	59	E2
Barfillan Dr.	62	A1
Barfillan Rd.	62	A1
Bargeddie St.	61	D3
Barloch St.	60	A2
Barlogan Av.	62	A1
Barlogan Quad.	62	A1
Barmulloch	61	C2
Barmulloch Rd.	60	C2
Barnes Rd.	59	E1
Barnflat St.	65	C3
Barnton St.	61	E4
Barnwell Ter.	58	A4
Baronald Dr.	58	B1
Baronald Gate	58	B1
Baronald St.	65	C3
Barr St.	59	E2
Overnewton St.		
Barrack St.	64	B1
Barrington Dr.	59	D3
Barrland St.	63	E2
Barrowfield St.	64	C1
Barrwood St.	61	E3
Bartholomew St.	64	C2
Bath La.	56	B2
Bath St.	56	B2
Bathgate St.	64	C1
Batson St.	63	E3
Battle Pl.	63	D4
Battlefield	63	E4
Battlefield Av.	63	E4
Battlefield Gdns.	63	E4
Battlefield Rd.	63	E4
Beaconsfield Rd.	58	B1
Beaton Rd.	63	D3
Beattock St.	65	D1
Beauly Pl.	59	C1
Beaumont Gate	58	C3
Bedford La.	63	E1
Bedford St.	63	E1
Bedlay St.	60	B2
Beech Av.	62	B2
Beechgrove St.	64	C3
Beechwood Dr.	58	A2
Beith St.	58	B3
Belhaven Ter.	58	C2
Belhaven Ter. W.	58	C2
Bell St.	57	C2
Bellahouston	62	B2
Bellahouston Dr.	62	B2
Bellahouston La.	62	A2
Bellahouston Pk.	62	A2
Belleisle St.	63	E3
Bellfield St.	64	C1
Bellgrove St.	64	B1
Bellscroft Av.	64	B4
Bellshaugh Gdns.	59	C1
Bellshaugh Pl.	58	C1
Bellshaugh Rd.	58	C1
Bellvue Pl.	60	B3
Bellwood St.	63	D4
Belmont Cres.	59	D2
Belmont Dr.	65	C4
Belmont La.	59	D2
North Woodside Rd.		
Belmont St.	60	B1
Belmont St.	59	D2
North Woodside Rd.		
Beltane St.	56	A2
Bengairn St.	61	D4
Bengal Pl.	62	C4
Bengal St.	62	C4
Benhar Pl.	61	E4
Benholm St.	65	E2
Benmore St.	60	B1
Bennan Sq.	64	A3
Benthall St.	64	A2
Bentinck St.	56	A1
Benview St.	59	D2
Berelands Cres.	64	B4
Berelands Pl.	64	B4
Beresford Av.	58	A2
Berkeley St.	56	A2
Bernard Path	64	C2
Bernard St.	64	C2
Bernard Ter.	64	C2
Berryburn Rd.	61	D2
Bertram St.	63	D3
Bervie St.	62	A1
Berwick Dr.	65	D4
Biggar St.	65	C1
Bilsland Dr.	59	D1
Binnie Pl.	64	B1
Birdston Rd.	61	D1
Birkenshaw St.	61	C4
Birkmyre Rd.	62	A1
Birkwood St.	65	C3
Birnam Rd.	65	D2
Birness Dr.	63	C4
Birness St.	63	C4
Birnie Ct.	61	D2
Birnie Rd.	61	D2
Bishop La.	56	B2
Bishopmill Pl.	61	D2
Bishopmill Rd.	61	D1
Black St.	57	C1
Blackburn St.	63	C1
Blackfaulds Rd.	64	B4
Blackfriars St.	57	C2
Blackhill	61	D3
Blackie St.	59	C3
Overnewton St.		
Blackthorn St.	60	B1
Blair St.	65	E1
Blairatholl Av.	58	B2
Blairatholl Gdns.	58	B2
Blairbeth Dr.	63	E4
Blairhall Av.	63	D4
Blane St.	60	A3
Blantyre St.	59	C3
Blochairn	60	C3
Blochairn Rd.	60	C3
Bluevale St.	64	C1
Blythswood Sq.	56	B2
Blythswood St.	56	B2
Boden St.	64	C2
Boghead Rd.	60	C2
Bogleshole Rd.	65	E4
Bogside St.	65	C2
Boleyn Rd.	63	D3
Bolivar Ter.	64	A4
Bolton Dr.	63	E4
Bonawe St.	59	D2
Boness St.	65	C2
Bonhill St.	60	B2
Bonnar St.	65	C2
Borden La.	58	A1
Borden Rd.	58	A1
Borron St.	60	A2
Botanic Cres.	59	C2
Botanic Gdns.	59	C2
Bothwell St.	56	B2
Bouverie St.	64	B4
Bower St.	59	D2
Bowman St.	63	E3
Bowmont Gdns.	58	C2
Bowmont Ter.	58	C2
Bowmore Rd.	62	A1
Boyd St.	63	E3
Bradfield Av.	58	C1
Braehead St.	64	A2
Braemar St.	63	D4
Braeside Av.	65	D4
Braeside St.	59	D2
Braid Sq.	59	E3
Braid St.	59	E3
North Woodside Rd.		
Braidfauld Gdns.	65	E3
Braidfauld Pl.	65	E3
Braidfauld St.	65	E3
Brand Pl.	62	C1
Brand St.	62	C1
Brandon St.	64	B1
Brassey St.	59	D1
Breadalbane St.	56	A2
St. Vincent St.		
Brechin St.	56	A2
Brereton St.	64	A3
Briarcroft Dr.	61	D1
Briarcroft Pl.	61	E1
Briarcroft Rd.	61	D1
Bridge St.	63	E1
Bridgegate	57	C3
Bridgeton	64	B1
Bridgeton Cross	64	B2
Bright St.	60	B3
Brighton Pl.	62	B1
Brighton St.	62	B1
Brisbane St.	63	E4
Briton St.	62	B1
Broad St.	64	B1
Broadholm St.	59	E1
Brockville St.	65	E1
Brodick St.	60	B3
Brook St.	64	B1
Brookside St.	64	C1
Broomfield Rd.	60	B1
Broomfold Av.	65	D4
Broomhill	58	A2
Broomhill Av.	58	A3
Broomhill Cres.	58	A3
Broomhill Dr.	58	A2
Broomhill Gdns.	58	A2
Broomhill La.	58	A2
Broomhill Pl.	58	A2
Broomhill Rd.	58	A3
Broomhill Ter.	58	A3
Broomielaw	56	B3
Broomknowes Rd.	60	C2
Broomloan Ct.	62	B1
Broomloan Pl.	62	B1
Broomloan Rd.	62	B1
Broompark Circ.	60	B4
Broompark Dr.	60	B4
Broompark St.	60	B4
Brora St.	61	D3
Brown St.	56	B2
Brownlie St.	63	E4
Brownsdale Rd.	64	B4
Bruce Rd.	63	D2
Brunswick St.	57	C2
Buccleuch St.	56	B1
Buchanan St.	57	B2
Buckingham Dr.	65	D4
Buckingham St.	59	D2
Buckingham Ter.	59	C2
Buckley St.	60	A1
Bucksburn Rd.	61	D2
Buddon St.	65	D2
Bunessan St.	62	A1
Bunhouse Rd.	58	C3
Burgh Hall St.	58	B3
Burghead Dr.	58	A4
Burghead Pl.	58	A4
Burgher St.	65	D1
Burleigh St.	58	B4
Burlington Av.	58	B1
Burn Pl.	65	E4
Burn Ter.	65	E4
Burnbank Gdns.	59	D3
Burnbank Ter.	59	D3
Burnbrae St.	60	C2
Burndyke Ct.	58	C4
Burndyke Sq.	58	B4
Burndyke St.	58	B4
Burnhill Quad.	64	B4
Burnhill St.	64	B4
Burnhouse St.	59	C1

Name	Page	Grid
Burns St.	59	E3
Bute Gdns.	59	C3
Butterbiggins Rd.	63	E2
Byres Rd.	58	C3
Byron St.	58	A3
Byshot St.	60	A2
C		
Cadogan St.	56	B2
Caird Dr.	58	B3
Cairn St.	60	B1
Cairnlea Dr.	62	B1
Caithness St.	59	D2
Caldarvan St.	59	E2
Calder St.	63	E3
Calderwood Rd.	65	D4
Caledon St.	58	C3
Caledonia Av. (Govanhill)	64	A2
Caledonia Av. (Rutherglen)	65	C4
Caledonia Rd.	64	A2
Caledonia St.	64	A2
Caledonian Cres.	59	D3
Calgary St.	57	C1
Callander St.	59	E2
Calton	64	B1
Cambridge St.	57	B2
Camburn St.	65	E1
Cambuslang Rd. (Cambuslang)	65	E4
Cambuslang Rd. (Rutherglen)	65	C3
Camden St.	64	A2
Camelon St.	65	E1
Cameron St.	59	E2
Camlachie	65	C1
Camlachie St.	65	C1
Camp Rd.	64	B3
Camphill Av.	63	D4
Campsie St.	60	B1
Canal St.	57	C1
Candleriggs	57	C2
Canmore Pl.	65	D2
Canmore St.	65	D2
Canting Way	58	C4
Cara Dr.	58	A4
Carberry Rd.	63	C3
Carbeth St.	59	E2
Carbisdale St.	60	B1
Carbrook St.	60	C3
Cardarrach St.	60	C2
Cardow Rd.	61	D2
Cardowan Rd.	65	E1
Cardross Ct.	60	B4
Cardross St.	60	B4
Cardwell St.	63	E2
Cardyke St	60	C2
Carfin St.	63	E3
Carfrae St.	58	C4
Cargill St.	65	E2
Carleston St.	60	B2
Carlisle St.	60	A2
Carlton Ct.	57	B3
Carlton Pl.	57	B3
Carlyle Ter.	65	C4
Carment Dr.	63	C4
Carmichael Pl.	63	D4
Carmichael St.	62	B1
Carmunnock Rd.	63	E4
Carnarvon St.	56	A1
Carnbroe St.	59	E3
Carnoustie St.	63	D1
Carntyne	61	D4
Carntyne Ind. Est.	65	E1
Carntyne Pl.	61	D4
Carntyne Rd.	65	D1
Carntynehall Rd.	61	E4
Caroline St.	65	E1
Carrick St.	56	B2
Carrington St.	56	A1
Carron Cres.	60	B1
Carron Pl.	60	B1
Carron St.	60	B1
Carsaig Dr.	62	A1
Carstairs St.	64	C3
Carswell Gdns.	63	D3
Cartha St.	63	D4
Cartside Quad.	63	E4
Cartside St.	63	D4
Cartvale Rd.	63	D4
Castle St.	60	B4
Castle St. (Rutherglen)	65	C4
Castlebank Ct.	58	A1
Castlebank Gdns.	58	A1
Castlebank St.	58	A3
Castlebank Vills.	58	A1
Castlemilk Rd.	64	B4
Cathcart La.	64	B4
Cathcart Pl.	64	B4
Cathcart Rd. (Mount Florida)	63	E4
Cathcart Rd. (Rutherglen)	64	B4
Cathedral Sq.	60	B4
Cathedral St.	57	C2
Cathkin Av.	65	D4
Cathkin Pk.	63	E4
Cathkin Rd.	63	D4
Cathkinview Pl.	63	E4
Cathkinview Rd.	63	E4
Cavendish Pl.	63	E2
Cavendish St.	63	E2
Cecil St.	59	C2
Cedar St.	59	E3
Centre St.	56	B3
Cessnock	63	C1
Cessnock St.	62	C1
Chalmers St.	64	B1
Chamberlain Rd.	58	A1
Chancellor St.	58	C3
Chapel St. (Maryhill)	59	D1
Chapel St. (Rutherglen)	64	B4
Chapelton St.	59	E1
Charing Cross	59	D3
Charles St.	60	B3
Chorlotto La. S.	57	C3
Charlotte St.	64	A1
Greendyke St.		
Cheapside St.	56	A2
Chelmsford Dr.	58	B1
Chesterfield Av.	58	B1
Chestnut St.	60	A1
Chisholm St.	57	C3
Christian St.	62	C4
Christopher St.	60	C3
Church St.	58	C3
Churchill Dr.	58	A2
Circus Dr.	60	B4
Circus Pl.	60	B4
Cityford Cres.	64	B4
Claddens Quad.	60	A1
Claddens St.	59	E1
Clare St.	60	C3
Claremont Gdns.	56	A1
Claremont Pl.	56	A1
Claremont St.	56	A1
Claremont Ter.	56	A1
Clarence Dr.	58	B2
Clarence Gdns.	58	B2
Clarendon Pl.	56	B1
Clarendon St.	59	E3
Clayslaps Rd.	59	C3
Sauchiehall St.		
Claythorn	58	A1
Claythorn Av.	64	B1
Claythorn St.	64	B1
Clayton Ter.	60	B4
Cleghorn St.	59	E2
Cleland St.	64	A1
Clerwood St.	65	D1
Cleveden Cres.	58	B1
Cleveden Dr.	58	B1
Cleveden Gdns.	58	C1
Cleveden Pl.	58	B1
Cleveden Rd.	58	B1
Cleveland St.	56	A2
Cliff Rd.	56	A1
Clifford Gdns.	62	B1
Clifford St.	62	C1
Clifton Pl.	56	A1
Clifton St.	56	A1
Clincart Rd.	63	E4
Clincarthill	64	C4
Clincarthill Rd.	64	C4
Closeburn St.	60	A1
Clouston St.	59	C2
Cloverbank St.	60	C3
Clunie Rd.	62	A2
Cluny Gdns.	58	A2
Clyde Pl.	56	B3
Clyde Pl. Quay	56	B3
Clyde St.	57	B3
Clyde Tunnel	58	A3
Clyde Walkway	57	B3
Clydebrae St.	58	B4
Clydeford Dr.	65	C2
Clydeside Expressway	58	B3
Clydeside Rd.	64	B3
Clynder St.	62	B1
Cobden Rd.	60	B3
Cochrane St.	57	C2
Cockmuir St.	60	C2
Cogan St.	62	C4
Colbert St.	64	B2
Colchester Dr.	58	B1
Coldstream Dr.	65	D4
Colebrooke St.	59	D2
Colgrain St.	59	E1
Colgrave Cres.	65	E2
Colintraive Av.	61	E2
Colintraive Cres.	61	E2
Coll Pl.	61	C3
Coll St.	61	C3
College St.	57	C2
Collina St.	58	C1
Collins St.	60	B4
Colonsay Rd.	62	A1
Coltmuir St.	59	E1
Columba St.	58	B4
Colvend St.	64	B2
Comely St.	64	B1
Commerce St.	57	B3
Commercial Ct.	64	A1
Commercial Rd.	64	A2
Congress Rd.	59	C4
Connal St.	64	C2
Conniston St.	61	E4
Contin Pl.	59	C1
Cook St.	63	E1
Copland Pl.	58	B4
Copland Quad.	62	B1
Copland Rd.	62	B1
Coplaw St.	63	E2
Corbett Ct.	65	E2
Corbett St.	65	E2
Cordiner St.	63	E4
Corkerhill	62	A3
Corkerhill Gdns.	62	A2
Corlaich Av.	64	B4
Corlaich Dr.	64	B4
Corn St.	57	B1
Cornhill St.	60	C1
Cornwall St.	63	C2
Cornwall St. S.	63	C1
Corran St.	61	E4
Corrour Rd.	63	C4
Corsock St.	61	D4
Corston St.	61	D4
Corunna St.	56	A2
Cotton St.	64	C3
Coulter's La.	64	B1
County Av.	65	D4
Couper St.	57	C1
Coustonholm Rd.	63	C4
Coventry Dr.	61	C4
Cowan St.	59	D3
Cowcaddens	59	E3
Cowcaddens Rd.	57	B1
Cowcaddens St.	57	B2
Cowglen	62	A4
Cowlairs	60	B2
Cowlairs Pk.	60	A2
Cowlairs Rd.	60	B2
Coxhill St.	60	A2
Craigbo St.	61	C2
Craigenby St.	58	A1
Craigend Pl.	58	A1
Craigend St.	58	A1
Craigendmuir St.	61	D3
Craighall Rd.	57	B1
Craighead Av.	61	D2
Craigie St.	63	E3
Craigielea St.	60	C4
Craigleith St.	65	E1
Craigmillar Rd.	63	E4
Craigmont Dr.	59	D1
Craigmont St.	59	D1
Craigmore St.	65	D1
Craignestock St.	64	B1
Craigpark	60	C4
Craigpark Dr.	60	C4
Craigton	62	A1
Craigton Dr.	62	A1
Craigton Rd.	62	A1
Crail St.	65	D2
Cramond St.	64	A3
Cranborne Rd.	58	B1
Cranston St.	56	A2
Cranworth St.	59	C2
Crathie Dr.	58	B3
Crawford St.	58	B3
Cree Gdns.	65	E1
Cresswell St.	59	C2
Cressy St.	58	A4
Crichton Pl.	60	B2
Crichton St.	60	B2
Crimea St.	56	B2
Crinan St.	61	C4
Croftbank St.	60	C2
Cromdale St.	58	A4
Cromer St.	59	D1
Cromwell St.	59	E3
Cross Pk.	58	B2
Cross St.	62	B4
Crossbank Av.	64	B3
Crossbank Dr.	64	A3
Crossbank Rd.	64	A3
Crossbank Ter.	64	A3
Crosshill	63	E3
Crosshill Av.	63	E3
Crosslee St.	62	A1
Crossloan Rd.	58	A4
Crossloan Ter.	58	A4
Crossmyloof.	63	D3
Crossmyloof Gdns.	63	C3
Crow Rd.	58	A2
Crowhill St.	60	A1
Crown Circ.	58	C2
Crown Rd. S.		
Crown Gdns.	58	C2
Crown Rd. N.		
Crown Rd. N.	58	B2
Crown St.	64	A1
Crown Ter.	58	C2
Crown Rd. S.		
Crownpoint Rd.	64	B1
Croy Pl.	61	D1
Croy Rd.	61	D1
Cruden St.	62	A1
Cubie St.	64	B1
Culloden St.	61	C4
Cults St.	62	A1
Cumberland St. (Hutchesontown)	64	A2
Cumberland St. (Laurieston)	63	E1
Cumbernauld Rd.	61	C4
Cumming Dr.	63	E4
Cumnock Rd.	61	E1
Cunningham Rd.	65	E4
Cunningham St.	60	A4
Curling Cres.	64	A4
Currie St.	59	D1
Curtis Av.	64	A4
Curzon St.	59	D1
Custom Ho.	57	B3
Custom Ho. Quay	57	B3
Cuthbertson St.	63	E2
Cuthelton St.	65	D2
Cuthelton Ter.	65	D2
Cypress St.	60	A1
D		
Daisy St.	63	E3
Dalbeth	65	E3
Dalbeth Rd.	65	E3
Dalcross St.	58	C3
Dale St.	64	B2
Daleview Av.	58	B1
Dalhousie St.	56	B2
Dalkeith Av.	62	B2
Dalmahoy St.	61	E4
Dalmally St.	59	D2
Dalmarnock	64	C3
Dalmarnock Rd.	64	B2
Dalmeny St.	64	B3
Dalnair St.	58	C3
Dalriada St.	65	D2
Dalserf St.	65	C1
Dalton St.	65	E1
Dalveen St.	65	E1
Dalziel Av.	63	C2
Dalziel Dr.	62	C2
Dargarvel Av.	62	B2
Darnick St.	61	C2
Darnley Gdns.	63	D3
Darnley Rd.	63	D3
Darnley St.	63	D3
Dartford St.	59	E2
Dava St.	58	B4
Davaar St.	65	C2
Daventry Dr.	58	B1
David St.	64	C1
Davidson St.	64	C3
Dawson Rd.	59	E2
Deanston Dr.	63	D4
Dechmont St.	65	D2
Dee St.	61	D3
Delburn St.	65	D1
Denbeck St.	65	E1
Denbrae St.	65	E1
Denham St.	59	E2
Denmark St.	60	A2
Dennistoun	60	C4
Derby St.	56	A1
Derwent St.	59	E2
Deveron St.	61	D3
Devon Pl.	63	E2
Devon St.	63	E2
Devonshire Ter.	58	B2
Dilwara Av.	58	A3
Dinart St.	61	D3
Dinmont Rd.	63	C3
Dinwiddie St.	61	D3
Dirleton Av.	63	D4
Dixon Av.	63	E3
Dixon Rd.	63	E3
Dixon St.	57	B3
Dobbie's Ln.	57	B1
Dobbie's Ln. Pl.	57	C2
Dochart St.	61	E3
Dolphin Rd.	63	C3
Don St.	61	D4
Donan Dr.	58	B3
Doncaster St	59	E2
Dora St.	64	B2
Dorchester Av.	58	B1
Dorchester Pl.	58	B1
Dornoch St.	64	B1
Dorset St.	56	A2
Douglas St.	56	B2
Doune Gdns.	59	D2
Doune Quad.	59	D2
Dovehill St.	64	A1
Gallowgate		
Dover St.	56	A2
Dowanhill	58	C2
Dowanhill St.	58	C3
Dowanside Rd.	58	C2
Dowanfield St.	65	E2
Downiebrae Rd.	65	C3
Downs St.	60	B2
Drake St.	64	B1
Dreghorn St.	61	D4
Drive Rd.	58	A4
Drumbottie Rd.	60	C1
Drumclog Gdns.	61	E1
Drumhead Pl.	65	E3

Drumhead Rd.	65	E3
Drummond Av.	64	B4
Drumover Dr.	65	E2
Drumoyne	58	A4
Drumoyne Av.	58	A4
Drumoyne Circ.	62	A1
Drumoyne Dir.	58	A4
Drumoyne Pl.	62	A1
Drumoyne Quad.	62	A1
Drumoyne Rd.	62	A1
Drumoyne Sq.	58	A4
Drumpellier St.	61	D3
Drumreoch Dr.	64	B4
Drumreoch Pl.	64	B4
Drury St.	57	B2
Dryburgh Av.	65	C4
Dryburgh Gdns.	59	D2
Drygate	60	B4
Duchess Pl.	65	D4
Duchess Rd.	65	D3
Duchray St.	61	D3
Dudley Dr.	58	B2
Duke St.	60	B4
Dulsie Rd.	61	D1
Dumbarton Rd.	58	C3
Dumbreck	62	B2
Dumbreck Av.	62	B2
Dumbreck Ct.	62	B2
Dumbreck Pl.	62	B2
Dumbreck Rd.	62	B2
Dunard Rd.	65	C4
Dunard St.	59	D2
Dunaskin St.	58	C3
Dunbar Av.	65	D4
Dunbar St.	65	D1
Dunbeith Pl.	59	C1
Dunblane St.	57	B1
Dunchatton St.	60	B4
Dunclutha St.	65	C3
Dundas St.	57	C2
Dundasvale Ct.	57	B1
Dundonald Rd.	58	C2
Dundrennan Rd.	63	D4
Dunearn St.	59	D3
Dunellan St.	62	A1
Dunira St.	65	E2
Dunkeld Av.	65	C4
Dunkeld St.	65	D2
Dunlop St.	57	C3
Dunmore St.	63	E1
Dunn St.	64	C2
Dunning St.	65	D2
Dunolly St.	60	C3
Dunragit St.	61	D4
Dunrobin St.	65	C1
Dunsmuir St.	58	B4
Dunsyre St.	61	E4
Duntroon St.	61	C4
Durham St.	63	C1
Durward Av.	63	C3
Durward Ct.	63	C3
Dyce La.	58	B3
Dykemuir Pl.	61	C2
Dykemuir Quad.	60	C2
Dykemuir St.	60	C2

E

Eagle St.	60	A3
Eaglesham Ct.	63	D1
Eaglesham Pl.	63	C1
Earn St.	61	E3
Earnock St.	61	D2
East Campbell St.	64	B1
East Wellington St.	65	D1
East Whitby St.	65	D2
Eastburn Rd.	61	C1
Eastcote Av.	58	A2
Eastcroft	65	C4
Eastcroft Ter.	60	C2
Eastercraigs	61	C4
Easterhill Pl.	65	E2
Easterhill St.	65	E2
Eastfield	65	D4
Eastfield Rd.	60	B2
Eastvale Pl.	58	C4
Kelvinhaugh St.		
Eastwood Av.	63	C4
Eccles St.	60	B1
Eday St.	60	A1
Eden La.	61	D3
Eden St.	61	D3

Edenwood St.	65	E1
Edgefauld Av.	60	B2
Edgefauld Dr.	60	B2
Edgefauld Pl.	60	B1
Edgefauld Rd.	60	C2
Edgehill Rd.	58	A2
Edgemont St.	63	D4
Edinbeg Av.	64	B4
Edinbeg Pl.	64	B4
Edinburgh Rd.	61	D4
Edington St.	59	E3
Sawmillfield St.		
Edmiston Dr.	62	A1
Edmiston St.	65	D2
Edrom St.	65	E1
Edwin St.	63	C1
Eglinton Pl.	63	E1
Eglinton St.	63	E2
Elba La.	65	D1
Elcho St.	64	B1
Elder Pk.	58	A4
Elder St.	58	A4
Elderpark Gdns.	58	A4
Elderpark Gro.	58	A4
Elderpark St.	58	A4
Elderslie St.	56	A1
Eldon Ct.	58	B3
Eldon St.	59	D3
Elie St.	58	C3
Elizabeth St.	62	C1
Ellangowan Rd.	62	C4
Ellesmere St.	59	E2
Elliot Pl.	56	A2
Elliot St.	56	A2
Elmbank Cres.	56	B2
Elmbank St.		
Elmbank St.	56	B2
Elmfoot St.	64	A3
Elmvale Row	60	B2
Elmvale St.	60	B1
Elmwood Av.	58	A2
Elphinstone Pl.	58	C4
Elvan St.	65	E1
Emerson St.	59	E1
Endfield Av.	58	B1
Endrick St.	60	A2
Enterkin St.	65	E2
Erskine Av.	62	B2
Eskdale Dr.	65	D4
Esmond St.	58	C3
Essex Dr.	58	A2
Essex La.	58	A2
Ettrick Cres.	65	D4
Ettrick Pl.	63	C4
Coustonholm Rd.		
Ewing Pl.	65	D1
Ewing St.	64	C4
Exeter Dr.	58	B3
Exhibition Way	59	D4

F

Fairbairn St.	64	C2
Fairburn St.	65	E2
Fairfield Gdns.	58	A4
Fairfield Pl.	58	A4
Fairfield St.	58	A4
Fairholm St.	65	E2
Fairley St.	62	B1
Fairlie Pk. Dr.	58	B3
Falfield St.	63	E2
Falkland St.	58	B2
Falloch Rd.	63	E4
Farie St.	64	C4
Farm Rd.	62	B2
Farme Cross	65	C3
Farmeloan Rd.	65	C4
Farnell St.	59	E3
Fergus Dr.	59	D2
Fernan St.	65	E1
Fernbank St.	60	B1
Ferness Rd.	61	D1
Ferngrove Av.	58	B1
Ferry Rd.	58	C3
Fettes St.	61	E4
Fidra St.	61	E4
Fielden Pl.	64	C1
Fielden St.	64	C1
Fifth Av.	58	A1
Findhorn St.	61	D4
Finhaven St.	65	E2
Finlas St.	60	A2

Finlay Dr.	60	C4
Finnart Sq.	64	B2
Finnart St.	64	B2
Finnieston	59	D4
Finnieston Quay	56	A2
Finnieston St.	56	A2
Fintry Dr.	64	C4
Firhill Rd.	59	E2
Firhill St.	59	E2
Firpark St.	60	B4
First Gdns.	62	B2
Fisher Ct.	60	B4
Fitzroy Pl.	56	A2
Fleming St.	65	C1
Flemington St.	60	B2
Fleurs Av.	62	B2
Fleurs Rd.	62	B2
Florence St.	64	A1
(off Ballater St.)		
Florence St.	64	A2
(off Caledonia Rd.)		
Florida Av.	63	E4
Florida Dr.	63	E4
Florida Sq.	63	E4
Florida St.	63	E4
Fogo Pl.	59	C1
Forbes Dr.	64	B1
Forbes St.	64	B1
Ford Rd.	59	C2
Fordneuk St.	64	C1
Fordyce St.	58	B3
Foresthall Cres.	60	C2
Foresthall Dr.	60	C2
Forge St.	61	C3
Forrest St.	64	C1
Forrestfield St.	60	C3
Forth St.	63	D2
Fortingall Av.	58	C1
Fortingall Pl.	58	C1
Fortrose St.	58	B3
Fotheringay Rd.	63	C3
Foulis La.	58	A1
Fountainwell Av.	60	A3
Fountainwell Pl.	60	A3
Fountainwell Rd.	60	A3
Fountainwell Sq.	60	B3
Fourth Gdns.	62	B2
Fox St.	57	B3
Foyers Ter.	60	C2
Francis St.	63	E2
Frankfield St.	61	D3
Frankfort St.	63	D3
Franklin St.	64	B2
Fraser Av.	65	D4
French St.	64	B2
Fruin Pl.	60	A2
Fruin St.	60	A2
Fullarton Rd.	65	E4

G

Gadie St.	61	D4
Gadloch St.	60	A1
Gadsburn Ct.	61	D1
Gadshill St.	60	B3
Gailes St.	65	C2
Gairbraid Av.	59	C1
Gairbraid Ct.	58	C1
Gairbraid Pl.	59	C1
Gala St.	61	E3
Galloway St.	60	B1
Gallowflat St.	65	C4
Gallowgate	57	C3
Gardner St.	58	B3
Garfield St.	64	C1
Garmouth Ct.	58	B4
Garmouth Gdns.	58	A4
Garmouth St.	58	A4
Garnet St.	56	B1
Garnethill	59	E3
Garnethill St.	56	B1
Garnkirk St.	60	B3
Garnock St.	60	B3
Garrioch Cres.	59	C1
Garrioch Dr.	59	C1
Garrioch Gate	59	C1
Garrioch Quad.	59	C1
Garrioch Rd.	59	D1
Garriochmill Rd.	59	D2
Garry St.	63	E4
Garscube Rd.	59	E2

Gartcraig	61	E4
Gartcraig Pl.	61	E3
Gartcraig Rd.	61	E4
Gartferry St.	60	C2
Garthland Dr.	60	C4
Gartloch Rd.	61	E3
Gartness St.	61	C4
Gartons Rd.	61	D1
Garturk St.	63	E3
Garvald Ct.	65	C2
Garvald St.	65	C2
Gateside St.	65	C1
Gear Ter.	65	C3
General Terminus Quay	56	A3
George Reith Av.	58	A1
George Sq.	57	C2
George St.	57	C2
Gibson St.	59	D3
Gilbert St.	58	C4
Gilmour Cres.	64	B4
Girvan St.	61	D3
Gladstone St.	56	B1
Glamis Rd.	65	D2
Glasgow Bri.	57	B3
Glasgow Cross	57	C3
Glasgow Grn.	64	A1
Glasgow Rd.	64	B3
Glasgow St.	59	D2
Glassford St.	57	C2
Glebe Ct.	57	C2
Glebe Pl.	64	B4
Glebe St.	60	A4
Glenapp St.	63	D2
Glenbarr St.	60	B3
Glenbuck Av.	61	E1
Glenbuck Dr.	61	E1
Glencairn Dr.	63	D3
(Pollokshields)		
Glencairn Dr.	64	B4
(Rutherglen)		
Glenconner Pk.	60	C3
Glencorse St.	61	E4
Glendale St.	65	C1
Glendore St.	58	A3
Glenfarg St.	59	E3
Glenfinnan Dr.	59	C1
Glenfinnan Pl.	59	C1
Glenfinnan Rd.		
Glenfinnan Rd.	59	C1
Glengavel Cres.	61	E1
Glenhead Cres.	60	A1
Glenhead St.	60	A1
Glenisla St.	65	D2
Glenmavis St.	59	E3
Maitland St.		
Glenmore Av.	64	B4
Glenpark Rd.	65	C1
Glenpark St.	65	C1
Glenpark Ter.	65	E4
Glenshee St.	65	D2
Gloucester St.	63	E1
Gogar Pl.	61	E4
Gogar St.	61	E4
Golfhill Dr.	60	C4
Golspie St.	58	B4
Gorbals Cross	64	A1
Gorbals St.	63	E1
Gordon La.	57	B2
Gordon St.	57	B2
Gorebridge St.	61	E4
Gough St.	61	D4
Gourlay St.	60	A2
Govan	58	B4
Govan Cross	58	B4
Govan Rd.	58	A4
Govanhill	63	E3
Govanhill Pk.	63	E3
Govanhill St.	63	E3
Gower St.	62	C2
Gower Ter.	62	C1
Grace St.	56	A2
Grafton Pl.	57	C2
Graham Sq.	64	B1
Grandtully Dr.	58	C1
Grange Rd.	63	E4
Grant St.	56	A1
Grantley Gdns.	63	C4
Grantley St.	63	C4
Granton St.	64	B3
Granville St.	56	A2

Gray St.	59	D3
Great George St.	59	C2
Great Western Rd.	58	C2
Great Western Ter.	58	C2
Green, The	64	B1
Green St.	64	B1
Greenan Av.	64	B4
Greenbank St.	64	C4
Greendyke St.	57	C3
Greenfield St.	58	A4
Greenhead St.	64	B2
Greenhill Ct.	64	C4
Greenhill Rd.	64	C4
Greenhill St.	64	C4
Greenlea St.	58	A1
Greenlodge Ter.	64	B2
Greenrig St.	61	D2
Greenside Cres.	61	E2
Greenside St.	61	E2
Greenview St.	62	C4
Gretna St.	65	C2
Greyfriars St.	61	E4
Grierson St.	61	D4
Grosvenor Ter.	59	C2
Grovepark Gdns.	59	E3
Grovepark St.	59	E2
Gryffe St.	63	E4
Guidmans Rd.	62	B3
Guthrie St.	59	C1

H

Haggs Rd.	62	C3
Haggs Wd. Av.	62	B3
Haghill	61	D4
Haghill Rd.	61	D4
Haig St.	60	C2
Halbert St.	63	D3
Hallbrae St.	61	E3
Hamilton Av.	62	B2
Hamilton Dr.	59	D2
Hamilton Pk. Av.	59	D2
Hamilton Rd.	65	C4
Hamilton St.	64	A3
Hamiltonhill	59	E2
Hamiltonhill Rd.	59	E2
Hangingshaw Pl.	64	A4
Hanover St.	57	C2
Hanson St.	60	B4
Harcourt Dr.	61	C4
Hardie Av.	65	D4
Hardridge Pl.	62	B3
Harhill St.	58	A4
Harmetray St.	60	A1
Harmony Row	58	B4
Harmsworth St.	58	A3
Harriet St.	64	C4
Harrison Dr.	62	B1
Hart St.	65	E1
Harvey St.	60	A3
Harvie St.	63	C1
Paisley Rd. W.		
Harwood St.	61	E4
Hastie St.	59	C3
Old Dumbarton Rd.		
Hatfield Dr.	58	A1
Hathaway St.	59	D1
Haugh Rd.	59	C4
Havelock St.	58	C3
Hawthorn Quad.	60	A1
Hawthorn St.	60	A1
Hayburn Cres.	58	B2
Hayburn St.	58	B3
Haylynn St.	58	A3
Haymarket St.	61	E4
Hayston Cres.	59	E1
Hayston St.	59	E1
Haywood St.	59	E1
Hazelwood Rd.	62	C1
Hazlitt St.	59	E1
Hector Rd.	63	C4
Helen St.	62	A1
Helenvale Ct.	65	D1
Helenvale Pk.	65	D1
Helenvale St.	65	D2
Henderson St.	59	D2
Herbert St.	59	D2
Herries Rd.	62	C4
Herriet St.	63	D2
Hertford Av.	58	B1
Hexham Gdns.	63	C3
Hickman St.	63	E3

Street	Page	Grid
Hickory St.	60	B1
High Craighall Rd.	59	E3
High St.	57	C2
High St. (Rutherglen)	64	C4
Highburgh Rd.	58	C3
Highfield Dr.	58	B1
Highfield Pl.	58	B1
Highland La.	58	C4
Hilda Cres.	61	E2
Hill St.	56	B1
Hillend Rd.	59	E1
Hillfoot Av.	64	C4
Hillfoot St.	60	C4
Hillhead	59	C2
Hillhead St.	59	C3
Hillhouse St.	60	C2
Hillkirk Pl.	60	B2
Hillkirk St.	60	B2
Hillview St.	65	E1
Hinshaw St.	59	E2
Hinshelwood Dr.	62	B1
Hobart St.	59	E2
Hobden St.	60	C2
Hogganfield	61	E2
Hogganfield St.	61	D3
Hoggarth Av.	61	D4
Hoggarth Cres.	61	D4
Hoggarth Dr.	61	D4
Hoggarth Gdns.	61	D4
Holland St.	56	B2
Holly Dr.	60	C2
Hollybank St.	60	C3
Hollybrook St.	63	E3
Holm St.	56	B2
Holmbank Av.	63	C4
Holmfauld Rd.	58	A4
Holmfauldhead Dr.	58	A4
Holyrood Cres.	59	D3
Holyrood Quad.	59	D3
Holywell St.	65	C1
Hope St.	57	B2
Hopefield Av.	58	C1
Hopehill Rd.	59	E2
Horne St.	60	B1
Hornshill St.	60	C2
Horslethill Rd.	58	C2
Hospital St.	64	A2
Hotspur St.	59	D2
Houldsworth St.	56	A2
Houston Pl.	63	D1
Howard St.	57	B3
Howat St.	58	B4
Hughenden Dr.	58	B2
Hughenden Gdns.	58	B2
Hughenden La.	58	B2
Hughenden Rd.	58	B2
Hugo St.	59	D1
Hunter St.	64	B1
Huntershill St.	60	B1
Huntingdon Rd.	60	B3
Huntly Gdns.	59	C2
Huntly Rd.	58	C2
Horslethill Rd.		
Hutcheson St.	57	C2
Hutchesontown	64	A2
Hutton Dr.	58	A4
Huxley St.	59	D1
Hydepark St.	56	A2
Hyndland	58	B2
Hyndland Av.	58	B3
Hyndland Rd.	58	B2
Hyndland St.	58	C3

I

Street	Page	Grid
Ibrox	62	B1
Ibrox St.	62	C1
Ibrox Ter.	62	B1
Ibrox Ter. La.	62	B1
Ibroxholm Av.	62	B1
Ibroxholm Oval	62	B1
Ibroxholm Pl.	62	B1
Inchlee St.	58	A3
India La.	56	B2
India St. (Rutherglen)	64	C4
Ingleby Dr.	60	C4
Inglefield St.	63	E3
Inglis St.	64	C1
Ingram St.	57	C2
Invergordon Av.	63	D4
Inverleith St.	61	D4
Inverurie St.	60	A2
Iona St.	58	B4
Irongray St.	61	D4
Irvine St.	65	C2
Iser La.	63	D4

J

Street	Page	Grid
Jamaica St.	57	B3
James Gray St.	63	D4
James Nisbet St.	60	B3
James Orr St.	60	B4
James St.	64	B2
James Watt St.	56	B3
Jamieson St.	63	E3
Janefield St.	65	C1
Jedburgh Av.	65	C4
Jedburgh Gdns.	59	D2
Jessie St.	64	A3
John Knox St.	60	B4
John St.	57	C2
Johnstone Dr.	64	C4
Joppa St.	61	E4
Julian Av.	58	C2
Jura Ct.	62	A1
Jura St.	62	A1

K

Street	Page	Grid
Kames St.	64	A2
Karol Path	59	E3
St. George's Rd.		
Kay St.	60	B2
Keir St.	63	D2
Keith St.	58	C3
Kelbourne St.	59	D2
Kellas St.	62	B1
Kelso Av.	65	C4
Kelvin Ct.	58	A1
Kelvin Dr.	59	C2
Kelvin Walkway	58	C1
Kelvin Way	59	C3
Kelvindale Gdns.	59	C1
Kelvindale Pl.	59	C1
Kelvindale Rd.	58	C1
Kelvingrove	59	D3
Kelvingrove St.	56	A2
Kelvinhaugh St.	58	C4
Kelvinside	58	C1
Kelvinside Dr.	59	D2
Kelvinside Gdns.	59	D2
Kelvinside Gdns. E.	59	D2
Kelvinside Ter. S.	59	D2
Kelvinside Ter. W.	59	D2
Kemp St.	60	B2
Kendal Av.	58	B1
Kendal Dr.	58	B1
Kenilworth Av.	63	C4
Kenmure St.	63	D2
Kennedar Dr.	58	A4
Kennedy St.	57	C2
Kennet St.	60	C3
Kennoway Dr.	58	A3
Kennyhill Sq.	61	D4
Kensington Gate	58	C2
Kensington Rd.	58	C2
Kent Rd.	56	A2
Kent St.	64	B1
Keppel Dr.	64	B4
Keppoch St.	60	B2
Keppochhill Rd.	60	A2
Kerr Dr.	64	B1
Kerr Pl.	64	B1
Kerr St.	64	B1
Kerrycroy Av.	64	A4
Kerrycroy Pl.	64	A4
Kerrycroy St.	64	A4
Kerrydale St.	65	C2
Kerrylamont Av.	64	B4
Kersland St.	59	C2
Kew Ter.	59	C2
Keyden St.	63	D1
Kidston St.	64	A2
Kilberry St.	60	C3
Kilbirnie St.	63	E2
Kilbride St.	64	A3
Kilchattan Dr.	64	A4
Kildale Way	64	B4
Kildonan Dr.	58	B3
Kilkerran Dr.	61	E1
Killearn St.	59	E2
Killermont St.	57	C2
Killiegrew Rd.	63	C3
Kilmany Dr.	65	E1
Kilmaurs St.	62	A1
Kilmorie Dr.	64	B4
Kinbuck St.	60	A2
King Edward Rd.	58	A1
King George V Bri.	57	B3
King St.	57	C3
King St. (Rutherglen)	64	C4
Kingarth St.	63	E3
Kinghorn Dr.	64	A4
King's Dr.	64	B2
King's Pk.	64	A4
King's Pk. Av.	63	E4
Kingsacre Rd.	64	A4
Kingsbarns Dr.	63	E4
Kingsborough Gdns.	58	B2
Kingsbrae Dr.	64	A4
Kingscourt Av.	64	A4
Kingsdale Av.	64	A4
Kingsdyke Av.	64	A4
Kingshurst Av.	64	A4
Kingsley Av.	63	E3
Kingston	63	E1
Kingston Bri.	56	B3
Kingston St.	56	B3
Kinloch St.	65	D2
Kinmount Av.	63	E4
Kinnear Rd.	65	C2
Kinning Pk.	63	C1
Kintra St.	62	B1
Kintyre St.	60	C3
Kippen St.	60	A1
Kirkcaldy Rd.	63	C3
Kirkdale Dr.	62	A2
Kirkhill Dr.	59	C1
Kirkhill Pl.	59	C1
Kirkhill Dr.		
Kirkland St.	59	D2
Kirklee Circ.	59	C2
Kirklee Pl.	59	C2
Kirklee Quad.	59	C2
Kirklee Rd.	59	C2
Kirklee Ter.	58	C2
Kirkliston St.	65	E1
Kirkpatrick St.	64	C1
Kirkwood St.	64	C4
Knockhill Dr.	63	E4
Knowehead Gdns.	63	D2
Knowehead Ter.	63	D2
Kyle St.	57	C1

L

Street	Page	Grid
La Belle Pl.	59	D3
Laburnum Rd.	62	C2
Lacrosse Ter.	59	D2
Ladybank Dr.	62	A2
Ladywell St.	60	B4
Laidlaw St.	63	E1
Laird Pl.	64	B2
Lamb St.	59	E1
Lambhill St.	63	C1
Lamont Rd.	61	C1
Lanark St.	64	A1
Greendyke St.		
Lancaster Cres.	58	C2
Lancefield Quay	56	A2
Lancefield St.	56	A2
Landressy Pl.	64	B2
Langdale Av.	61	E2
Langlands Ct.	58	A4
Langrig Rd.	60	C2
Langshot St.	63	C1
Langside	63	D4
Langside Av.	63	D3
Langside Gdns.	63	E4
Langside La.	63	E3
Langside Pl.	63	D4
Langside Rd.	63	E3
Lansdowne Cres.	59	D3
Larch Rd.	62	B1
Largo Pl.	58	A4
Largs St.	61	C4
Latherton Dr.	59	C1
Lauder St.	65	D4
Lauderdale Gdns.	58	B2
Laurel Pl.	58	B3
Laurel St.	58	B3
Laurieston	63	E1
Laverockhall St.	60	B2
Law St.	64	C1
Lawmoor Av.	64	A3
Lawmoor Rd.	64	A2
Lawmoor St.	64	A2
Lawrence St.	58	C3
Lawrie St.	58	B3
Leadburn St.	61	E4
Leader St.	61	D3
Leckie St.	62	C4
Ledaig Pl.	61	D4
Ledaig St.	61	D4
Ledard Rd.	63	D4
Lee Av.	61	E3
Leicester Av.	58	B1
Leighton St.	61	D4
Leny St.	59	D2
Lenzie Pl.	60	B1
Lenzie St.	60	B1
Lenzie Ter.	60	B1
Lenzie Way	60	B1
Leslie Rd.	63	D3
Leslie St.	63	D2
Lethamhill Cres.	61	E3
Lethamhill Pl.	61	E3
Lethamhill Rd.	61	E3
Letherby Dr.	63	E4
Lethington Av.	63	D4
Lettoch St.	62	B1
Leven St.	63	D2
Leyden St.	59	D1
Liberton St.	61	D4
Liddale Way	64	B4
Lily St.	65	C2
Limeside Av.	65	D4
Limeside Gdns.	65	D4
Lindores Av.	65	D4
Lindores St.	63	E4
Lindsay Dr.	58	B1
Lindsay Pl.	58	B1
Linfern Rd.	58	C2
Linthouse Bldgs.	58	A4
Linthouse Rd.	58	A3
Linton St.	61	E4
Lismore Rd.	58	B1
Lister St.	57	C1
Little St.	56	A2
Lloyd St.	60	C4
Loanbank Quad.	58	B4
Loanbank St.	58	B4
Loanhead St.	61	E4
Lochburn Rd.	59	D2
Lochgreen St.	61	D2
Lochinch Rd.	62	B3
Lochleven Rd.	63	E4
Lochside St.	63	D3
Lochview Cres.	61	E2
Lochview Dr.	61	E2
Lochview Gdns.	61	E2
Lochview Pl.	61	E2
Lochview Ter.	61	E3
Lochwood St.	61	E3
Lockhart St.	61	C3
Logan St.	64	A2
Logie St.	58	B4
Lomax St.	61	D4
Lomond St.	59	E1
London Rd.	57	C3
Longford St.	61	D4
Lora Dr.	62	A2
Loretto Pl.	61	E4
Loretto St.	61	E4
Lorne St.	63	C1
Lossie St.	61	D3
Lothian Gdns.	59	D2
Lovat Pl.	60	A3
Lowther Ter.	58	C2
Luath St.	58	B4
Lubas Av.	64	A4
Lubas Pl.	64	A4
Lugar Dr.	62	A2
Luing Rd.	62	A1
Lumloch St.	60	C2
Lumsden St.	59	C4
Lunan Pl.	58	A4
Lundie St.	65	E2
Luss Rd.	58	A4
Lymburn St.	59	C3
Lyndhurst Gdns.	59	D2
Lynedoch Cres.	56	A1
Lynedoch Pl.	56	A1
Lynedoch St.	56	A1
Lynedoch Ter.	56	A1

M

Street	Page	Grid
Macbeth St.	65	D2
Macdougal St.	62	C4
Macduff Pl.	65	D2
Macduff St.	65	D2
Mackeith St.	64	B2
Mackinlay St.	63	E2
Maclean St.	63	C1
Maclellan St.	63	C1
Madras St.	64	B2
Mafeking St.	62	B1
Maida St.	62	B4
Main St. (Bridgeton)	64	B2
Main St. (Rutherglen)	64	C4
Mair St.	56	A3
Maitland St.	57	B1
Major St.	64	B1
Malcolm St.	65	D1
Malin Pl.	61	E4
Malloch St.	59	D1
Malls Mire Rd.	64	A3
Malvern Ct.	64	C1
Mambeg Dr.	58	A4
Manchester Dr.	58	B1
Mannering Rd.	62	C4
Mansel St.	60	B1
Mansfield St.	58	C3
Mansion St.	60	A1
Mansionhouse Gdns.	63	D4
Mansionhouse Rd.	63	D4
Maple Rd.	62	B1
March St.	63	D3
Marchfield Ter.	60	B1
Maree Rd.	62	A2
Marfield St.	61	E4
Marine Cres.	56	A3
Marine Gdns.	63	D1
Mavisbank Gdns.		
Mariscat Rd.	63	D3
Marlborough Av.	58	A2
Marlow St.	63	D1
Marne St.	61	C4
Mart St.	57	C3
Martha St.	57	C2
Martin St.	64	B2
Martyr St.	60	B4
Marwick St.	61	C4
Maryhill Rd.	59	D2
Maryland Dr.	62	A1
Maryland Gdns.	62	A1
Maryston Pl.	61	D3
Maryston St.	61	D3
Marywood Sq.	63	D3
Masterton St.	60	A2
Mathieson Rd.	65	D3
Mathieson St.	64	A2
Matilda Rd.	63	D2
Mauchline St.	63	E2
Maukinfauld Ct.	65	D2
Maukinfauld Rd.	65	E2
Mauldslie St.	65	C2
Maule Dr.	58	B3
Mavisbank Gdns.	56	A3
Mavisbank Quay	56	A2

Maxwell Av. 63 D2
Maxwell Dr. 63 C2
Maxwell Gdns. 63 C2
Maxwell Gro. 63 C2
Maxwell Oval 63 D2
Maxwell Pk. 63 C2
Maxwell Rd. 63 D2
Maxwell St. 57 C3
Maxwelton Rd. 61 D3
Maybank St. 63 E3
Mayfield St. 59 D1
McAlpine St. 56 B2
McAslin Ct. 57 C2
McAslin St. 60 A4
Glebe St.
McCallum Av. 65 C4
McCulloch St. 63 D2
McEwan St. 65 D1
McFarlane St. 64 B1
McGregor St. 62 A1
McIntosh Ct. 60 B4
McIntosh St. 60 B4
McIntyre St. 56 A2
McKechnie St. 58 B4
McLean Sq. 63 C1
McLennan St. 63 E4
McLeod St. 60 B4
McNeil St. 64 A2
McPhail St. 64 B2
McPhater St. 57 B1
Meadow Rd. 58 B3
Meadowpark St. 60 C4
Meadowside Quay 58 A3
Meadowside St. 58 B3
Megan St. 64 B2
Melbourne St. 64 B1
Meldrum Gdns. 63 C3
Melfort Av. 62 B2
Melrose Av. 65 C4
Melrose Gdns. 59 D2
Melvaig Pl. 59 C1
Melville St. 63 D2
Memel St. 60 B1
Menzies Dr. 60 C1
Menzies Pl. 60 C1
Menzies Rd. 60 C1
Merchiston St. 61 E4
Merkland St. 58 B3
Merklands Quay 58 A3
Merrick Gdns. 62 B1
Merryland Pl. 58 C4
Merryland St. 58 B4
Methven St. 65 D2
Middlesex St. 63 D1
Middleton St. 62 C1
Midland St. 57 B2
Midlock St. 62 C1
Midlothian Dr. 63 C3
Midton St. 60 B2
Milan St. 63 E2
Mill Ct. 64 C4
Mill Cres. 64 B2
Mill Pl. 64 B2
Mill St. (Dalmarnock) 64 B2
Mill St. (Rutherglen) 64 C4
Millar Ter. 65 C3
Millarbank St. 60 B2
Millbrae Cres. 63 D4
Millbrae Rd. 63 D4
Millburn St. 60 B3
Millcroft Rd. 64 B3
Miller St. 57 C2
Millerfield Pl. 65 C2
Millerfield Rd. 65 C2
Millerston St. 64 C1
Millport Av. 64 A4
Millroad Dr. 64 B1
Millroad St. 64 B1
Millwood St. 63 D4
Milnbank St. 60 C4
Milner Rd. 58 A1
Milnpark Gdns. 63 C1
Milnpark St. 63 D1
Milrig Rd. 64 B4
Milton St. 57 B1
Minard Rd. 63 D3
Minerva St. 56 A2
Minerva Way 59 C4
Mingarry St. 59 D2
Minto Cres. 62 A1
Minto St. 62 A1
Mireton St. 59 E1
Mirrlees Dr. 58 C2
Mitchell Arc. 64 C4
Mitchell La. 57 B2
Mitchell St. 57 B2
Mitre Ct. 58 A2
Mitre Rd. 58 A2
Moffat St. 64 A2
Moidart Rd. 62 A1
Moir St. 57 C3
Molendinar St. 57 C3
Mollinsburn St. 60 B2
Moncur St. 64 B1
Moness Dr. 62 A2
Monkscroft Av. 58 B2
Monkscroft Ct. 58 B3
Monmouth Av. 58 B1
Montague La. 58 B2
Montague St. 59 D3
Montague Ter. 58 B2
Monteith Pl. 64 B1
Monteith Row 64 B1
Montford Av. 64 A4
Montraive St. 65 D3
Montrose St. 57 C2
Moodiesburn St. 61 D3
Moorfoot St. 65 E1
Morar Rd. 62 A1
Moray Pl. 63 D3
Mordaunt St. 64 C2
Morgan Ms. 63 E2
Morley St. 63 E4
Morningside St. 61 D4
Morrin St. 60 B2
Morris Pl. 64 B1
Morrison St. 56 B3
Morton Gdns. 62 C3
Morven St. 62 A1
Mosesfield St. 60 B1
Moss-side Rd. 63 C3
Mossbank Av. 61 E2
Mossbank Dr. 61 E2
Mossgiel Rd. 63 C4
Mosspark 62 A2
Mosspark Av. 62 A2
Mosspark Boul. 62 A2
Mosspark Oval 62 A2
Mosspark Sq. 62 A2
Mount Annan Dr. 63 E4
Mount Florida 63 E4
Mount St. 59 D2
Mount Stuart St. 63 D4
Mountainblue St. 65 C1
Muir St. 60 B2
Muirbank Av. 64 B4
Muirbank Gdns. 64 B4
Muirpark St. 58 B3
Muiryfauld Dr. 65 E2
Mull St. 61 C3
Munro La. 58 A1
Munro Pl. 58 A1
Munro Rd. 58 A1
Murano St. 59 D2
Murrayfield St. 61 E4
Muslin St. 64 B2
Myreside Pl. 65 D1
Myreside St. 65 D1
Myrtle Hill La. 64 A4
Myrtle Hill Vw. 64 A4
Myrtle Pk. 63 E3
Myrtle Pl. 64 A4

N

Nairn St. 59 C3
Napier Dr. 58 B4
Napier Pl. 58 B4
Napier Rd. 58 B4
Napier St. 58 B4
Napier Ter. 58 B4
Napiershall Pl. 59 D3
Napiershall St. 59 D3
Naseby Av. 58 A2
National Bk. La. 57 B2
Naver St. 61 E3
Nelson Mandela Pl. 57 C2
Nelson St. 63 E1
Neptune St. 58 B4
Ness St. 61 E3
Netherby Dr. 63 C2
Netherfield St. 65 D1
New City Rd. 56 B1
New Wynd 57 C3
Newark Dr. 63 C2
Newburgh St. 63 C4
Newfield Pl. 64 B4
Newington St. 65 E1
Newlandsfield Rd. 63 C4
Newmill Rd. 61 D1
Newton Pl. 56 A1
Newton St. 56 B2
Newton Ter. 56 A2
Nicholas St. 57 C2
Nicholson St. 63 E1
Niddrie Rd. 63 D3
Niddrie Sq. 63 D3
Nigel Gdns. 63 C3
Nimmo Dr. 58 A4
Nisbet St. 65 D1
Nith St. 61 D3
Nithsdale Dr. 63 D3
Nithsdale Rd. 62 B3
Nithsdale St. 63 D3
Niven St. 58 C1
Norby Rd. 58 A2
Norfield Dr. 63 E4
Norfolk Ct. 63 E1
Norfolk St. 63 E1
Norham St. 63 D3
Norman St. 64 B2
North Canal Bk. 60 A3
North Canal Bk. St. 60 A3
North Claremont St. 59 D3
North Dr. 64 A1
North Frederick St. 57 C2
North Gardner St. 58 B2
North Gower St. 62 C1
North Hanover St. 57 C2
North Kelvinside 59 D2
North Portland St. 57 C2
North Spiers Wf. 59 E3
North St. 56 A2
North Wallace St. 57 C1
North Woodside Rd. 59 D3
Northampton Dr. 58 B1
Northcroft Rd. 60 B2
Northpark 59 D2
Northumberland St. 59 D2
Norval St. 58 B3
Norwich Dr. 58 B1
Nottingham Av. 58 B1
Novar Dr. 58 B2
Nuneaton St. 64 C2
Nursery La. 63 D3
Nutberry Ct. 63 E3

O

Oakbank St. 59 E2
Oakbank Ter. 59 E2
Oakfield Av. 59 D3
Oakley Ter. 60 B4
Oatfield St. 61 C2
Oban Dr. 59 D2
Observatory Rd. 58 C2
Ogilvie Pl. 65 D2
Ogilvie St. 65 D2
Old Dalmarnock Rd. 64 B2
Old Dumbarton Rd. 58 C3
Old Rutherglen Rd. 64 A1
Old Shettleston Rd. 65 E1
Old Wynd 57 C3
Olive St. 61 D2
Olympia St. 64 B1
Onslow Dr. 60 C4
Oran Gdns. 59 D1
Oran Gate 59 D1
Oran Pl. 59 D2
Oran St. 59 D1
Orchard Dr. 64 B4
Orkney St. 58 B4
Orleans Av. 58 A2
Orr Pl. 64 B1
Orr St. 64 B1
Orton St. 62 B1
Orwell St. 60 B2
Osborne St. 57 C3
Oswald St. 57 B3
Otago St. 59 D3
Overdale Av. 63 D4
Overdale Gdns. 63 D4
Overdale St. 63 D4
Overnewton St. 59 C3
Overtoun Dr. 64 C4
Overtown St. 64 C1
Oxford La. 63 E1
Oxford St. 57 B3

P

Paisley Rd. 56 A3
Paisley Rd. W. 62 C1
Palermo St. 60 B2
Panmure St. 59 E2
Park Av. 56 A1
Park Circ. 56 A1
Park Circ. Pl. 56 A1
Park Dr. 56 A1
Park Dr. (Rutherglen) 64 C4
Park Gdns. 56 A1
Park Gate 56 A1
Park La. 64 B1
Park Quad. 56 A1
Park Rd. 59 D3
Park St. S. 56 A1
Park Ter. 56 A1
Parkgrove Ter. 56 A1
Parkhead 65 D1
Parkhead Cross 65 D1
Parkhill Dr. 64 C4
Parkhill Rd. 62 C4
Parkhouse 60 A1
Parliament Rd. 60 A4
Glebe St.
Parnie St. 57 C3
Parson St. 60 A4
Parsonage Row 57 C2
Parsonage Sq. 57 C2
Partick 58 B3
Partick Bri. 59 C3
Dumbarton Rd.
Partick Bri. St. 58 C3
Partickhill 58 B2
Partickhill Av. 58 B2
Partickhill Rd. 58 B2
Paterson St. 63 E1
Pathead Gdns. 61 E1
Patna St. 65 C2
Paton St. 61 C4
Payne St. 57 C1
Pearce St. 58 B4
Peathill St. 60 A2
Peel La. 58 B3
Peel St. 58 B3
Peirshill St. 61 E4
Pembroke St. 56 A2
Penicuik St. 65 D1
Penman Av. 64 B4
Penrith Dr. 58 B1
Percy St. 62 C1
Petershill Ct. 61 C2
Petershill Dr. 61 C2
Petershill Pl. 61 C2
Petershill Rd. 60 B2
Peveril Av. 63 C3
Pharonhill St. 65 E1
Piccadilly St. 56 A2
Pilrig St. 61 E4
Pine Pl. 64 A2
Pinkerton Av. 64 B4
Pinkston Dr. 60 B3
Pinkston Rd. 57 C1
Pinwherry Dr. 61 E1
Pirn St. 64 C2
Pitcairn St. 65 E2
Pitt St. 56 B2
Plant St. 65 D1
Plantation Pk. Gdns. 63 C1
Plantation Pl. 63 D1
Govan Rd.
Plantation Sq. 56 A3
Playfair St. 64 C2
Pleasance St. 62 C4
Pointhouse Rd. 58 B3
Pollockshaws Rd. 63 D3
Pollok Av. 62 B4
Pollok Pk. 62 B3
Pollok St. 63 D1
Pollokshaws 62 B4
Pollokshaws Rd. 63 D3
Pollokshields 63 D2
Polmadie 64 A3
Polmadie Av. 64 A3
Polmadie Ind. Est. 64 B3
Polmadie Rd. 64 A3
Polmadie St. 64 A3
Polwarth St. 58 B2
Poplar Av. 58 A2
Poplin St. 64 B2
Port Dundas 60 A3
Port Dundas Pl. 57 C2
Port Dundas Rd. 57 B1
Port St. 56 A2
Portman St. 63 D1
Possil Cross 60 A2
Possil Rd. 59 E2
Possilpark 59 E1
Potter Pl. 65 E2
Potter St. 65 E2
Powfoot St. 65 D1
Preston Pl. 63 E3
Prince Albert Rd. 58 B2
Prince Edward St. 63 E3
Prince's Gdns. 58 B2
Prince's Pl. 58 C2
Princes Sq. 57 C2
Princes St. 64 C4
Prince's Ter. 58 C2
Prosen St. 65 E2
Prospect Rd. 63 C4
Prospecthill Circle 64 A3
Prospecthill Circ. 64 A4
Prospecthill Cres. 64 B4
Prospecthill Dr. 64 A4
Prospecthill Pl. 64 B4
Prospecthill Rd. 63 E4
Prospecthill Sq. 64 A4
Provan Rd. 61 D3
Provanhill Pl. 60 B3
Provanmill 61 D2
Provanmill Rd. 61 D2
Purdon St. 58 B3

Q

Quarrybrae St. 65 E1
Quarryknowe Cres. 64 B4
Quarryknowe St. 65 E1
Quarrywood Av. 61 D2
Quarrywood Rd. 61 D2
Quay Rd. 64 C3
Quay Rd. N. 64 C3
Queen Elizabeth Sq. 64 A2
Queen Margaret Dr. 59 C2
Queen Margaret Rd. 59 D2
Queen Mary Av. 63 E3
Queen Mary St. 64 C2
Queen Sq. 63 D3
Queen St. 57 C2
Queen St. (Rutherglen) 64 C4
Queen's Cres. 56 A1
Queen's Dr. 63 D3
Queen's Dr. La. 63 E3
Queen's Pk. 63 D3
Queen's Pk. Av. 63 E3
Queen's Pl. 58 C2
Queensborough Gdns. 58 B2
Queenslie St. 61 D3
Quendale Dr. 65 E2
Quentin St. 63 D3

R

Radnor St. 59 C3
Raeberry St. 59 D2
Rafford St. 58 B4
Raglan St. 59 E3
Ram St. 65 E1
Randolph Rd. 58 A2
Ratford St. 59 D1
Rathlin St. 58 B4
Ratho Dr. 60 B1
Rattray St. 65 E2
Ravel Row 65 D1
Ravelston St. 65 D1
Ravenshall Rd. 62 C4
Ravenswood Dr. 63 C3
Red Rd. 61 C2
Red Rd. Ct. 61 C2
Redan St. 64 B1
Redford St. 61 D4
Redlands Rd. 58 C2
Redlands Ter. 58 C2
Redmoss St. 59 E1
Rednock St. 60 A2
Regent Moray St. 59 C3
Regent Pk. Sq. 63 D3

Street	Page	Grid
Regwood St.	63	C4
Reid St. (Bridgeton)	64	B2
Reid St. (Rutherglen)	65	C4
Reidvale St.	64	C1
Renfield St.	57	B2
Renfrew St.	56	B1
Renton St.	57	C1
Rhymer St.	60	B3
Rhynie Dr.	62	B1
Riccarton St.	64	A3
Richmond Ct.	65	D4
Richmond Dr.	65	D4
Richmond Pk.	64	B2
Richmond Pl.	65	D4
Richmond St.	57	C2
Riddrie	61	E3
Riddrie Cres.	61	E4
Riddrie Knowes	61	E4
Riddrievale St.	61	E3
Rigby St.	65	D1
Rimsdale St.	64	C1
Ringford St. (Parkhead)	65	D2
Ringford St. (Springburn)	60	B2
Ripon Dr.	58	B1
Risk St.	64	B1
Ritchie St.	63	E2
Riverbank St.	62	C4
Riverford Rd. (Pollokshaws)	62	C4
Riverford Rd. (Rutherglen)	65	D3
Riverside Rd.	63	D4
Riverview Dr.	56	B3
Riverview Gdns.	56	B3
Riverview Pl.	56	B3
Robert St.	58	B4
Roberton Av.	62	B3
Robertson St.	57	B3
Robroyston Av.	61	E2
Robroyston Pk.	61	D1
Robroyston St.	61	E2
Robson Gro.	63	E2
Rock St.	59	E2
Rockbank St.	64	C1
Rockcliffe St.	64	B2
Rockfield Pl.	61	D1
Rockfield Rd.	61	D1
Rodney St.	59	E3
Roebank St.	61	C4
Rogart St.	64	B1
Rona St.	61	C3
Ropework La.	57	C3
Rose Knowe Rd.	64	A3
Rose St.	57	B2
Roseberry St.	64	B3
Rosemount Cres.	60	B3
Rosemount St.	60	B3
Rosevale St.	58	B3
Roslea Dr.	60	C4
Rosneath St	58	B4
Ross St.	57	C3
Russendale Rd.	62	C4
Rosslyn Av.	65	C4
Rosyth Rd.	64	B3
Rosyth St.	64	B3
Rottenrow	57	C2
Rottenrow E.	57	C2
Rowallan Gdns.	58	B2
Rowan Gdns.	62	B2
Rowan Rd.	62	B2
Rowchester St.	64	C1
Roxburgh St.	59	C2
Roy St.	60	A2
Royal Cres.	56	A2
Royal Cres. (Govanhill)	63	E3
Royal Ex. Sq.	57	C2
Royal Hill	60	B3
Royal Rd.	61	D3
Royston Sq.	60	B3
Roystonhill	60	B3
Roystonhill Rd.	60	B3
Ruby St.	64	C2
Ruchazie Pl.	61	E4
Ruchazie Rd.	61	E4
Ruchill	59	D1
Ruchill Pk.	59	D1
Ruchill Pl.	59	D1
Ruchill St.	59	D1
Ruel St.	63	E4
Rullion Pl.	61	E4
Rumford St.	64	B2
Rupert St.	59	D3
Ruskin Ter. (Hillhead)	59	D2
Ruskin Ter. (Rutherglen)	65	C3
Rutherglen	65	C4
Rutherglen Rd.	64	A2
Ruthven St.	59	C2
Rutland Cres.	56	A3
Rutland Pl.	56	A3
Rye Cres.	61	C1
Rye Rd.	61	C1
Ryebank Rd.	61	D1
Ryefield Rd.	61	C1
Ryehill Pl.	61	D1
Ryehill Rd.	61	D1
Ryemount Rd.	61	D1
Ryeside Rd.	61	C1

S

Street	Page	Grid
Sackville Av.	58	A1
St. Andrew's Cres.	63	D2
St. Andrew's Cross	63	E2
St. Andrew's Dr.	62	C3
St. Andrew's La.	57	C3
St. Andrew's Rd.	63	D2
St. Andrew's Sq.	57	C3
St. Andrew's St.	57	C3
St. Bride's Rd.	63	C4
St. Clair St.	59	D3
St. Enoch Pl.	57	B2
St. Enoch Sq.	57	B3
St. George's Cross	59	C4
St. George's Rd.	56	A1
St. James Rd.	57	C2
St. John's Ct.	63	D2
St. John's Quad.	63	D2
St. John's Rd.	63	D2
St. Joseph's Ct.	60	B3
St. Joseph's Vw.	60	B3
St. Kilda Dr.	58	A2
St. Mark St.	65	F1
St. Marnock St.	64	C1
St. Michael's Ct.	65	D1
St. Michael's La.	65	D1
St. Monance St.	60	B1
St. Mungo Av.	57	C2
St. Mungo Pl.	57	C2
St. Ninian St.	64	A1
St. Peter's St.	56	B1
St. Rollox Brae	60	B3
St. Ronan's Dr.	63	C3
St. Vincent Cres.	59	C4
St. Vincent Pl.	57	C2
St. Vincent St.	56	A2
St. Vincent Ter.	56	A2
Salamanca St.	65	D1
Salen St.	62	A1
Salisbury St.	63	E2
Salkeld St.	63	E2
Salmona St.	59	E2
Saltmarket	57	C3
Saltmarket Pl.	57	C3
Saltoun St.	59	C2
Salway St.	64	B3
Sand Rd.	64	A2
Sanda St.	59	D2
Sandbank Av.	59	C1
Sandbank St.	59	C1
Sandiefauld St.	64	A2
Sandmill St.	60	C3
Sandy Rd.	58	B3
Sandyfaulds St.	64	A2
Sandyford Pl.	56	A2
Sannox Gdns.	61	C4
Saracen Gdns.	60	A1
Saracen St.	60	A2
Sauchiehall St.	56	B2
Saughs Av.	61	E1
Saughs Dr.	61	E1
Saughs Gate	61	E1
Saughs Pl.	61	E1
Saughs Rd.	61	E1
Saughton St.	61	E4
Savoy St.	64	B2
Sawmillfield St.	59	E3
Scioncroft Av.	65	D4
Scone St.	60	A2
Scotland St.	63	D1
Scotland St. W.	63	C1
Scotsburn Rd.	61	D2
Scott St.	56	B2
Seagrove St.	65	D1
Seamore St.	59	D3
Seath Rd.	64	C3
Seath St.	64	A3
Seaward St.	63	D1
Second Gdns.	62	B2
Selborne Rd.	58	A1
Selkirk Dr.	65	D4
Seton Ter.	60	B4
Shaftesbury St.	56	A2
Shakespeare St.	59	D1
Shamrock St.	56	B1
Shanks St.	59	D1
Shannon St.	59	D1
Shaw St.	58	B4
Shawbridge St.	62	B4
Shawfield	64	B3
Shawfield Dr.	64	B3
Shawfield Ind. Est.	64	B3
Shawfield Rd.	64	B3
Shawhill Rd.	63	C4
Shawholm Cres.	62	B4
Shawlands	63	C4
Shawlands Arc.	63	D4
Shawlands Sq.	63	D4
Shawmoss Rd.	62	C3
Shawpark St.	59	D1
Sheddons Pl.	65	E1
Sheila St.	61	E2
Shelley Rd.	58	A1
Sherbrooke Av.	62	C3
Sherbrooke Dr.	62	C2
Sheriff Pk. Av.	64	C4
Shettleston Rd.	65	D1
Shields Rd.	63	D2
Shore St.	64	B3
Shuna Pl.	59	D1
Shuna St.	59	D1
Shuttle St	57	C2
Sidland Rd.	61	D1
Siemans Pl.	61	C3
Siemans St.	61	C3
Sighthill	60	B3
Sighthill Pk.	60	A3
Silverburn St.	61	E4
Silverdale St.	65	D2
Silverfir St.	64	A2
Silvergrove St.	64	B1
Simpson St.	59	D2
Sinclair Dr.	63	D4
Skaterig La.	58	A1
Skaterigg Dr.	58	A1
Skaterigg Gdns.	58	A1
Skene Rd	62	B1
Skipness Dr.	58	A4
Skirving St.	63	D4
Slatefield St.	64	C1
Sloy St.	60	A2
Smeaton St.	59	D1
Smith St.	58	A3
Smith Ter.	65	C3
Smithycroft Rd.	61	E3
Society St.	65	D1
Soho St.	64	C1
Somerset Pl.	56	A1
Somerville St.	63	E4
Sorby St.	65	D1
Sorley St.	58	A3
Sorn St.	65	C2
South Annandale St.	63	E3
South Frederick St.	57	C2
South Portland St. *Norfolk St.*	63	E1
South Spiers Wf.	59	E3
South Woodside Rd.	59	D3
Southampton Dr.	58	B1
Southcroft Rd.	64	B3
Southcroft St.	58	B4
Southloch St.	60	B2
Southmuir Pl.	59	C1
Southpark Av.	59	C1
Spey St.	61	E4
Springbank St.	59	D2
Springburn	60	A1
Springburn Pk.	60	B1
Springburn Rd.	60	B3
Springburn Way	60	B2
Springfield Ct.	57	C2
Springfield Quay	56	A3
Springfield Rd.	65	C2
Springhill Gdns.	63	D3
Springkell Av.	62	C2
Springkell Dr.	62	B3
Springkell Gdns.	63	C3
Springkell Gate	63	C3
Spruce St.	60	A1
Staffa St.	61	C4
Stafford St.	57	C1
Stag St.	58	C4
Stair St.	59	D2
Stamford St.	65	C1
Stanley St.	63	D1
Stanmore Rd.	63	E4
Steel St.	57	C3
Stenton St.	61	E4
Stevenson St.	64	B1
Stevenson St. W. *Bain St.*	64	B1
Stewart St.	57	B1
Stewartville St. *Church St.*	58	B3
Stirling Fauld Pl.	63	E1
Stirling Rd.	60	A4
Stirrat St.	58	C1
Stobcross Rd.	56	A2
Stobcross St.	56	A2
Stockwell Pl.	57	C3
Stockwell St.	57	C3
Stonefield Av.	58	C1
Stonelaw Dr.	65	C4
Stonelaw Rd.	65	C4
Stonyhurst St.	59	E2
Straiton St.	61	E4
Stratford St.	59	D1
Strathbran St.	65	D2
Strathbungo	63	D3
Strathclyde Dr.	64	C4
Strathclyde St.	64	C3
Strathcona St.	58	A1
Strathyre St.	63	D4
Striven Gdns.	59	D2
Stroma St.	61	C3
Stromness St.	63	E2
Stronend St.	59	E1
Stronsay St.	61	C3
Suffolk St.	64	A1
Sumburgh St.	61	E4
Summer St.	64	B1
Summerfield St.	65	C3
Summertown Rd.	58	B4
Sunart Rd.	62	A1
Sunnybank St.	65	C2
Sunnylaw St.	59	E2
Sussex St.	63	D1
Sutherland Av.	62	C2
Swan St.	57	C1
Swanston St.	64	C3
Sword St.	64	B1
Sydenham Rd.	58	C2
Sydney St.	64	B1
Syriam St.	60	B1

T

Street	Page	Grid
Tamshill St.	59	D1
Tanna Dr.	62	A2
Tannock St.	59	E2
Tantallon Rd.	63	D4
Taransay St.	58	B4
Tarland St.	62	A1
Tassie St.	63	C4
Tay Cres.	61	E3
Taylor Pl.	57	C2
Taylor St.	57	C2
Teith St.	61	E3
Templeton St.	64	B1
Tennyson Dr.	65	E2
Terregles Av.	62	C3
Terregles Cres.	62	C3
Terregles Gdns.	62	C3
Teviot St.	58	C4
Tharsis St.	60	B3
Third Av.	63	E4
Third Gdns.	62	B2
Thistle St.	63	E2
Thomson St.	64	C1
Thorn Rd.	62	B4
Thornbank St. *Carfrae St.*	58	C4
Thorncliffe Gdns.	63	D3
Thornwood Av.	58	B3
Thornwood Dr.	58	A3
Thornwood Gdns.	58	A3
Thornwood Pl.	58	B2
Thornwood Rd.	58	A3
Thornwood Ter.	58	A3
Thurso St. *Dunaskin St.*	58	C3
Tibbermore Rd.	58	B2
Tillie St.	59	D2
Tilt St.	61	E3
Tinto Pk.	62	A1
Tiree St.	61	D3
Titwood Rd.	62	C3
Tobago Pl.	64	B1
Tobago St.	64	B1
Todd St.	61	D4
Tollcross Pk.	65	E2
Tollcross Rd.	64	C3
Torbreck St.	62	A1
Torness St.	58	C1
Torr St.	60	A2
Torrance St.	60	B2
Torridon Av.	62	B2
Torrisdale St.	63	D3
Torryburn Rd.	61	D2
Toryglen	64	B3
Toryglen Pk.	64	A4
Toryglen Rd.	64	B4
Toryglen St.	64	A3
Tower Pl.	59	C1
Tower St.	63	D1
Townhead	60	A4
Townmill Rd.	60	B4
Townsend St.	57	C1
Tradeston	63	E1
Tradeston St.	56	B3
Trafalgar St.	64	B2
Trainard Av.	65	E2
Tranent Pl.	61	E4
Trofoil St.	63	C4
Trongate	57	C3
Troon St.	65	C2
Trossachs St.	59	E2
Tudor Rd.	58	A2
Tullis Ct.	64	A2
Tullis St.	64	B2
Tummel St.	61	E3
Tunnel St.	56	A2
Turnberry Av.	58	D2
Turnberry Rd.	58	B2
Turnbull St.	57	C3
Turner Rd.	60	B3
Turnlaw St.	64	A2
Turriff St.	63	E2
Tweed Cres.	61	E3
Tyndrum St.	57	C1

U

Street	Page	Grid
Uist St.	58	A4
Ulva St.	62	A1
Underwood St.	63	D4
Union Pl.	57	B2
Union St.	57	B2
Unity Pl.	59	E3
University Av.	59	C3

University Gdns. 59 C3
Uphall Pl. 61 E4
Urrdale Rd. 62 B1

V
Valeview Ter. 63 E4
Varna Rd. 58 A2
Vennard Gdns. 63 D3
Vermont Av. 64 C4
Vermont St. 63 C1
Vicarfield St. 58 B4
Victoria Bri. 57 C3
Victoria Circ. 58 C2
Victoria Cres. Rd. 58 C2
Victoria Pk. Gdns. N. 58 A2
Victoria Pk. Gdns. S. 58 A2
Victoria Rd. 63 E3
Victoria St. 64 C4
Viewpark Av. 61 C4
Viewpoint Pl. 60 B1
Viewpoint Rd. 60 B1
Vine St. 58 B3
Vinicombe St. 59 C2
Vintner St. 60 A3
Virginia St. 57 C2
Vulcan St. 60 B2

W
Waddell Ct. 64 A1
Waddell St. 64 A2
Walker St. 58 B3
Walkinshaw St. 64 C2
Wallace St. 63 E1
  (Kingston)
Wallace St. 64 C4
  (Rutherglen)

Wallacewell Cres. 61 C1
Wallacewell Pl. 61 C1
Wallacewell Quad. 61 D1
Wallacewell Rd. 61 C1
Walls St. 60 A4
Walmer Cres. 62 C1
Walnut Cres. 60 A1
Walnut Pl. 60 A1
Walnut Rd. 60 A1
Walter St. 61 D4
Walton St. 63 D4
Wanlock St. 58 B4
Wardhill Rd. 61 C1
Wardlaw Av. 65 C4
Wardlaw Dr. 65 C4
Wardlawhill 65 C4
Warmock St. 60 B4
Warren St. 63 E3
Warriston Cres. 61 D4
Warriston St. 61 D4
Warroch St. 56 A2
Washington St. 56 B2
Waterloo St. 56 B2
Waterside St. 64 A2
Watson Av. 64 C4
Watson St. 57 C3
Watt St. 63 D1
Waverley Dr. 65 D4
Waverley Gdns. 63 D3
Waverley St. 63 D3
Weaver St. 60 A4
Wellcroft Pl. 63 E2
Wellfield St. 60 B2
Wellington St. 57 B2
Wellpark St. 60 B4
Wellshot Rd. 65 E2

West Campbell St. 57 B2
West End Pk. St. 56 A1
West George St. 56 B2
West Graham St. 56 B1
West Greenhill Pl. 56 A2
West Nile St. 57 B2
West Prince's St. 59 D3
West Quay 58 C4
West Regent St. 56 B2
West St. 56 B3
West Whitby St. 65 D2
Westbourne Gdns. 58 C2
Westbourne Gdns. N. 58 C2
Westbourne Gdns. S. 58 C2
Westbourne Gdns. W. 58 C2
Westbourne Rd. 58 B2
Westbrae Dr. 58 A2
Westburn Cres. 64 B4
Westclyffe St. 63 D3
Wester Common Dr. 59 E2
Wester Common Rd. 59 E2
Wester Common Ter. 59 E2
Westerburn St. 65 E1
Westercraigs 60 B4
Western Av. 64 B4
Westfield Av. 64 B4
Westfield Vills. 64 B4
Westhouse Av. 64 B4
Westhouse Gdns. 64 B4
Westminster Ter. 56 A2
Westmoreland St. 63 E3
Westmuir Pl. 64 B4
Westmuir St. 65 D1
Westray Circ. 60 A1
Weymouth Dr. 58 B1
Whinfield Av. 65 E4

Whins Rd. 62 C3
Whitburn St. 61 E4
White St. 58 B3
Whitefield Rd. 62 C1
Whitehall St. 56 A2
Whitehill St. 60 C4
Whitevale St. 64 C1
Whittingehame Dr. 58 A1
Whittingehame Gdns. 58 B1
Whitworth St. 59 E1
Wigton St. 59 E3
Williamson St. 65 D2
Willoughby Dr. 58 A1
Willowbank Cres. 56 A1
Willowbank St. 56 A1
Wilton Cres. 59 D2
Wilton Dr. 59 D2
Wilton Gdns. 59 D2
Wilton St. 59 D2
Winchester Dr. 58 B1
Windmillcroft Quay 56 B3
Windsor St. 59 E3
Windsor Ter. 59 E3
Winifred St. 61 D2
Winning Row 65 D1
Winton Dr. 58 C1
Winton La. 58 C1
Wishart St. 60 B4
Woddrop St. 65 C3
Wolseley St. 64 A2
Wood St. 61 C4
Woodcroft Av. 58 A2
Woodend Dr. 58 A1
Woodford St. 63 D4

Woodhall St. 65 C3
Woodhill Rd. 61 C1
Woodlands 59 D3
Woodlands Dr. 59 D3
Woodlands Gate 56 A1
Woodlands Rd. 56 A1
Woodlands Ter. 56 A1
Woodrow Circ. 63 C2
Woodrow Pl. 62 C2
Woodrow Rd. 63 C2
Woodside 59 E3
Woodside Av. 65 D4
Woodside Cres. 56 A1
Woodside Pl. 56 A1
Woodside Ter. 56 A1
Woodstock Av. 63 C3
Woodville St. 62 B1
Wyndford 58 C1
Wyndford Dr. 59 C1
Wyndford Rd. 59 C1
Wyndham St. 59 C2

Y
Yarrow Gdns. 59 D2
Yate St. 65 C1
York St. 56 B3
Yorkhill Par. 58 C3
Yorkhill Quay 58 C4
Yorkhill St. 59 C4
Young Ter. 60 C2

Z
Zena Cres. 61 D2
Zena Pl. 61 D2
Zena St. 61 D2